Wenn ich an meine südbadische Kindheit auf dem Land denke, dann erinnere ich mich an die Vielfalt der Tiere, an die Schweine, Hühner, Kaninchen und Ziegen, die wir selbst aufzogen und zu Hause schlachteten. Letzteres fand ich nicht so toll. Und stinkende Misthaufen eigentlich auch nicht. Scheunen und Kuhställe boten aber viel Platz zum Verstecken spielen – das war herrlich.

Ich erinnere mich auch an die Vielfalt der Pflanzen, an Weizen, Gerste und Hafer, an Rüben, Kartoffeln und sogar Tabak – alles habe ich auf den Feldern wachsen sehen. Ich war stolz darauf, all die Namen zu kennen, und erstaunt, was damals meine Freundinnen aus der Stadt alles nicht wussten. Wo das Essen herkommt, wie es gelagert, verarbeitet und zubereitet wird, habe ich in allen Einzelheiten erfahren.

Heute lebe ich in Berlin und fahre regelmäßig zu meiner Mutter in mein Heimatdorf. Es hat sich sehr verändert: Bauern gibt es nur noch ganz wenige. Wo früher Blumenwiesen waren, stehen jetzt Häuser. Tiere sind kaum noch zu sehen. Dafür gibt es nun einen großen Supermarkt, in dem alle ihr Essen kaufen.

Alles ändert sich stetig. Das ist normal. Ich bin ja auch weggezogen, weil mich anderes mehr interessiert hat als das Leben auf dem Dorf. Trotzdem will ich wissen, wo meine Lebensmittel herkommen, denn gutes Essen ist für mich ein großer Genuss. Vor allem, wenn ich Fleisch esse, will ich wissen, wie die Tiere, die ich esse, gehalten, wie sie geschlachtet und gefüttert wurden.

Aber das ist gar nicht so einfach herauszufinden, denn auf der Verpackung im Supermarkt steht so etwas nicht. Dabei können wir nur dann gute Entscheidungen über unser Essen treffen, wenn wir wissen, wie es hergestellt wurde.

Darum möchten wir Euch mit diesem Buch viele Informationen über Fleisch liefern. Es zeigt, dass persönliche Entscheidungen über das Essen oft eine große Tragweite haben – und dass uns ein Stück Fleisch auf dem Teller manchmal mit der ganzen Welt verbindet.

Barbara Unmüßig

Berlin, im März 2016

WELCHE FRAGE FINDE ICH WO?

Das ist ein Piktogramm. Wir verwenden es als Zeichen für Schwein, Schweinefleisch und auch als Zeichen für Fleisch. Was es auf der jeweiligen Seite darstellt, lässt sich in der Frage ablesen.

Hühner sind Geflügel. In der Tierhaltung unterscheiden sich Masthühner (die werden gegessen) von Legehühnern, von denen wir Eier essen und die wir später als Suppenhühnchen kaufen können. Wenn du dieses Huhn siehst, ist manchmal wirklich „nur Huhn" gemeint – manchmal aber auch Geflügel insgesamt. Dazu gehören dann noch Enten, Puten und Gänse.

Schafe und Ziegen werden häufig in Statistiken gemeinsam aufgeführt. Deshalb haben wir die beiden Zeichen übereinander gesetzt. Lämmer sind dabei auch gemeint.

Dieses Rind steht für Kühe und Rinder. Wenn wir explizit Milchkühe meinen, haben wir eine Kuh mit Euter gezeichnet. Einmal wollen wir zeigen, dass Kühe für heilig gehalten werden, da haben wir ein Rind unscharf und gelb dargestellt, wie eine Art Heiligenschein.

Dieses Zeichen nutzen wir für Hirsch, an anderer Stelle aber auch für alle Wildtiere, deren Fleisch wir essen.

Wenn wir Menschen beziehungsweise Personen meinen, egal ob es Kinder, Erwachsene, Jugendliche, weibliche oder männliche sind, verwenden wir dieses Piktogramm.

Überall, wo ein Bauer oder Buddhist, Politiker oder andere Akteure in männlicher Form auftauchen, wurde verkürzt.
Es muss eigentlich auch Bäuerin, Politikerin oder Buddhistin und so weiter heißen.
Das haben wir so ausführlich hier aber nicht geschrieben.

Du kannst dieses Buch überall aufschlagen – jede Seite steht für sich.

Verzehr und Verbrauch von Fleisch sind nicht ganz dasselbe. Verzehr ist nur das, was wirklich gegessen wird.
Verbrauch umfasst alles, was vom Tier verwendet wird, auch Haut und Knochen.

Auf einer Seite des Buches geht es um Lebensmittel aller Art. Dieser bunte Haufen ist der Platzhalter für Lebensmittel für 5 Milliarden Menschen. Das steht auch auf der Seite. Passt gut auf, wie häufig er abgebildet wurde!

WAS IST FLEISCH?

Bevor es auf den Teller kommt, lebt es.

Fleisch kann mager, faserig, weich, zäh oder saftig sein.

Fleisch kommt von Säugetieren und Vögeln – ihre weichen und essbaren Teile dürfen bei uns auf den Tisch. Am liebsten mögen wir hier in Deutschland das Muskelfleisch, doch auch Fettgewebe, Sehnen und innere Organe, also Leber, Niere oder Herz, gehören dazu. Fleisch kann viele Geschmacksrichtungen haben, je nach Tierart und Stück. Bei Krebsen, Schnecken und Fischen sprechen wir nicht von Fleisch.

WIE VIEL FLEISCH ESSE ICH?

Im Alter von 14 bis 18 Jahren. Wöchentlich. In Deutschland.

560 g

Empfohlene Menge

963 g
Wurst & Fleisch

Fast doppelt so viel Fleisch wie empfohlen.

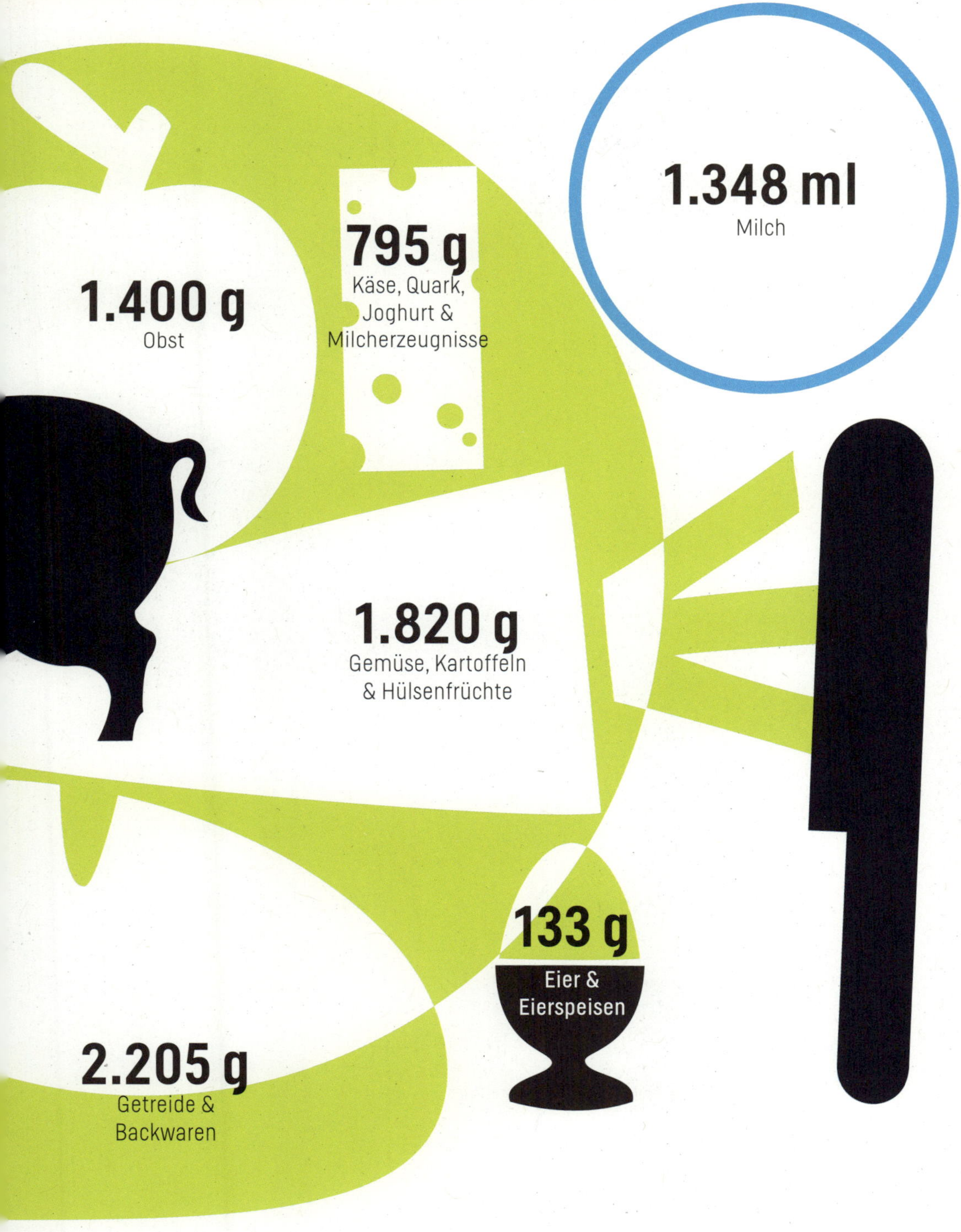

1.348 ml
Milch

795 g
Käse, Quark,
Joghurt &
Milcherzeugnisse

1.400 g
Obst

1.820 g
Gemüse, Kartoffeln
& Hülsenfrüchte

133 g
Eier &
Eierspeisen

2.205 g
Getreide &
Backwaren

WELCHE TIERE ESSEN WIR?

In Deutschland.

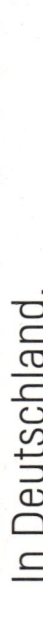

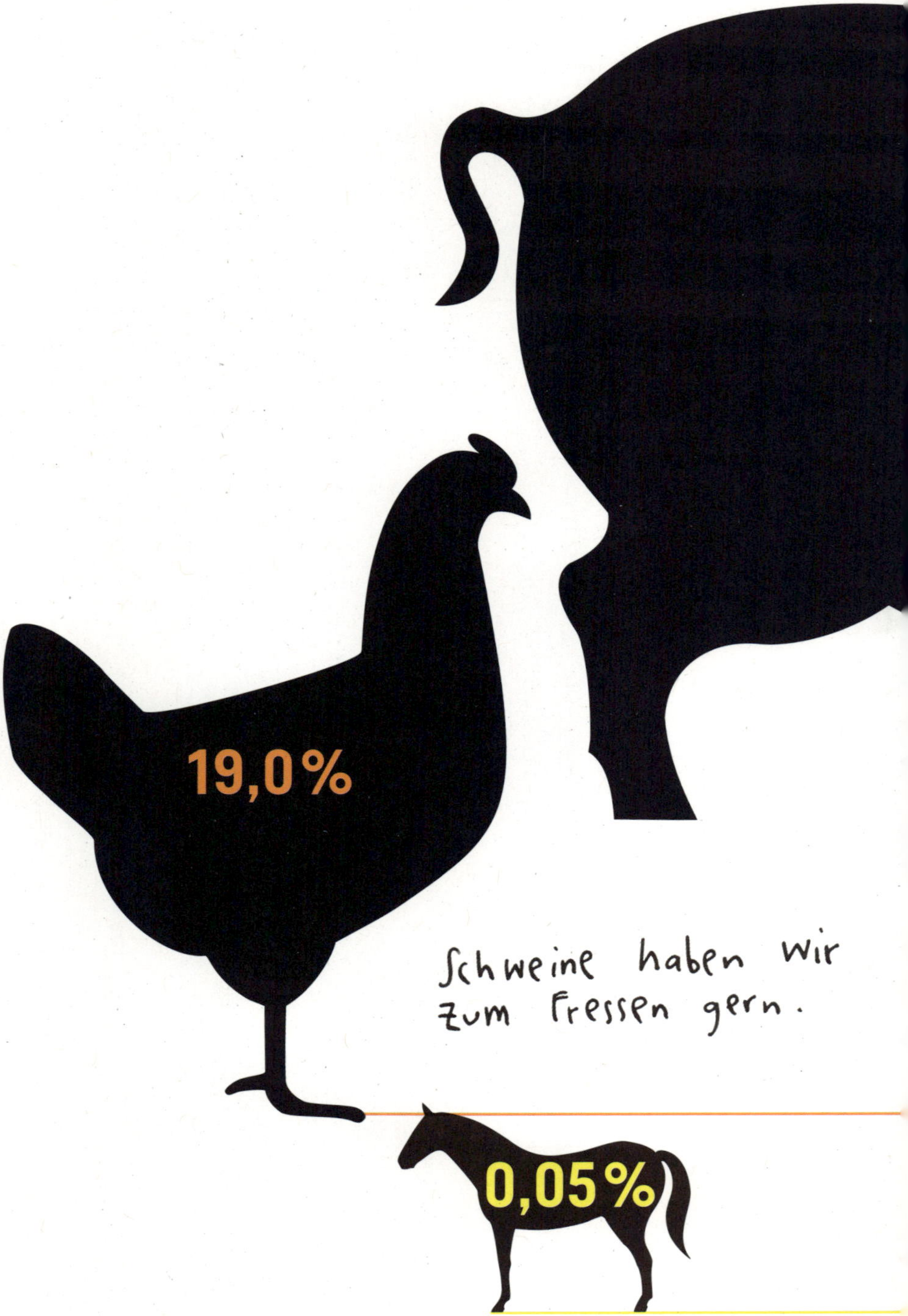
19,0%
Schweine haben wir
zum Fressen gern.
0,05%

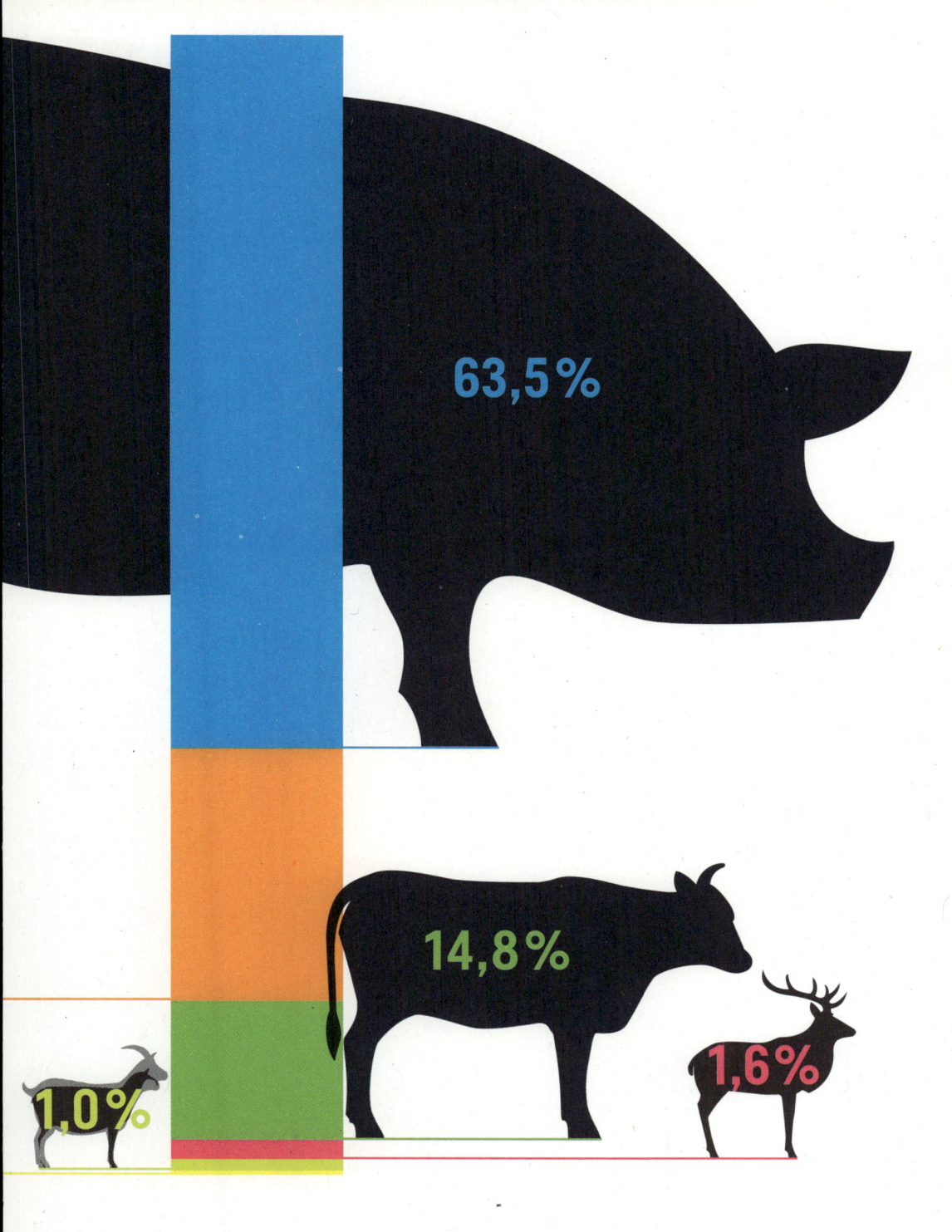

63,5 %

14,8 %

1,6 %

1,0 %

WIE VIEL HÜHNCHEN ESSEN WIR?

In Deutschland. Hühnerkonsum pro Person im Jahr.

6,8 kg

8,1 kg

1970

1990

9,8 kg

12,4 kg

Brust fleisch macht
etwa 25 % des Gewichts aus.

2003

2014

1950

WIE VIEL FLEISCH WURDE FRÜHER GEGESSEN?

In Deutschland. Pro Person im Jahr. Im Vergleich zu heute.

27,3 kg

9,3 kg

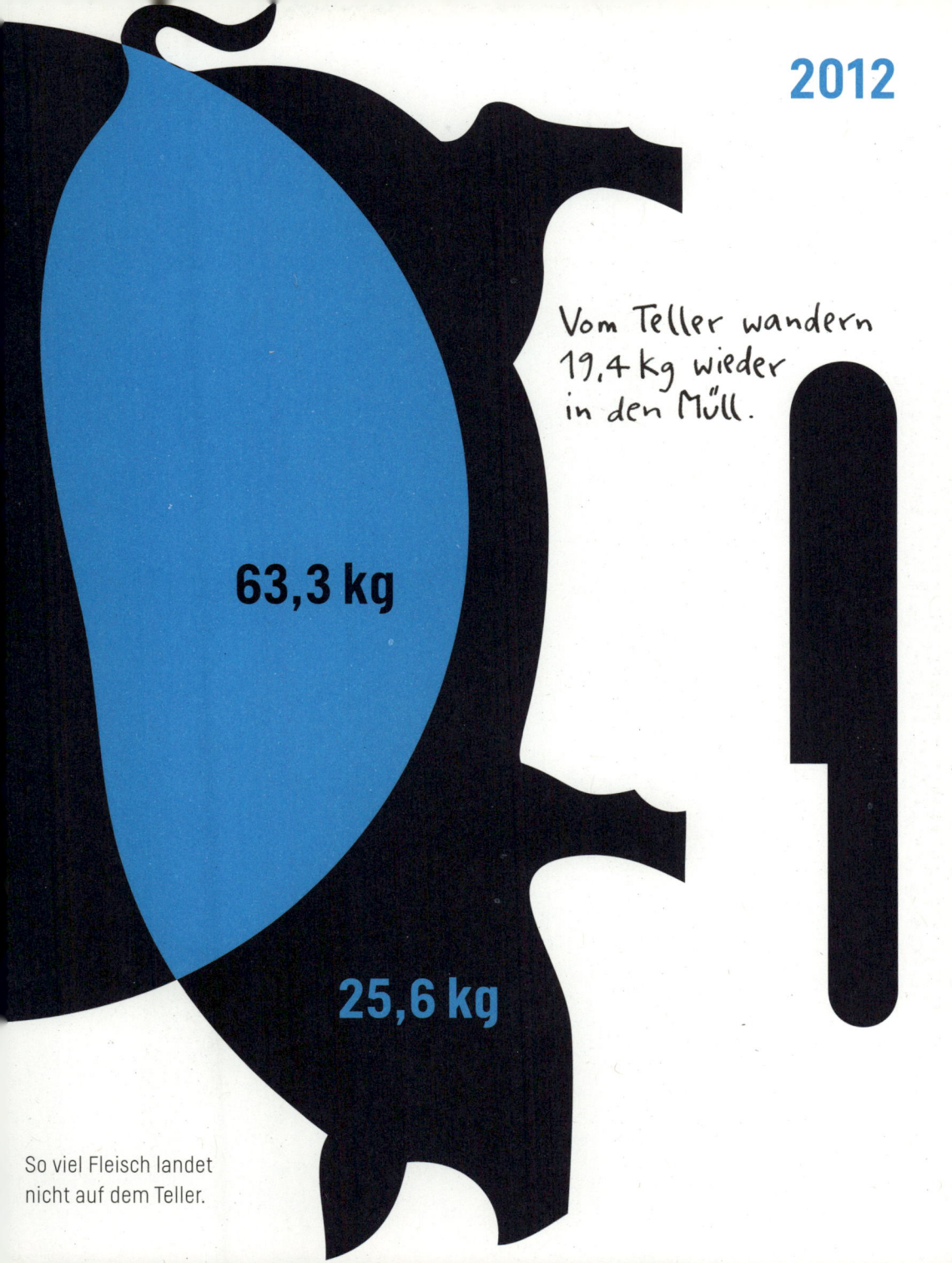

2012

63,3 kg

Vom Teller wandern 19,4 kg wieder in den Müll.

25,6 kg

So viel Fleisch landet nicht auf dem Teller.

Lunge mit Herz, Milz und Leber wurde zu einem Ragout gekocht, das Lungenhaschee hieß und mit Sauerrahm und Knödeln gegessen wurde.

Gehirn steckte in einer bekannten Wurstspezialität drin, der Bregenwurst. Die gibt es noch heute, aber ohne Gehirn zugemischt. „Bregen" heißt „Hirn" im Plattdeutschen.

Kopf Schweinskopfsülze galt als ausgesprochen lecker. In einem Gelee, das Aspik hieß, wurden der Kopf mit Ohren und die Füße zu einem Kasten gebacken, der in Scheiben geschnitten serviert wurde.

Leber war vor 40 Jahren ein häufiges Gericht. Sie war berühmt für ihre Eisenwerte und wurde bei Blutarmut verschrieben.

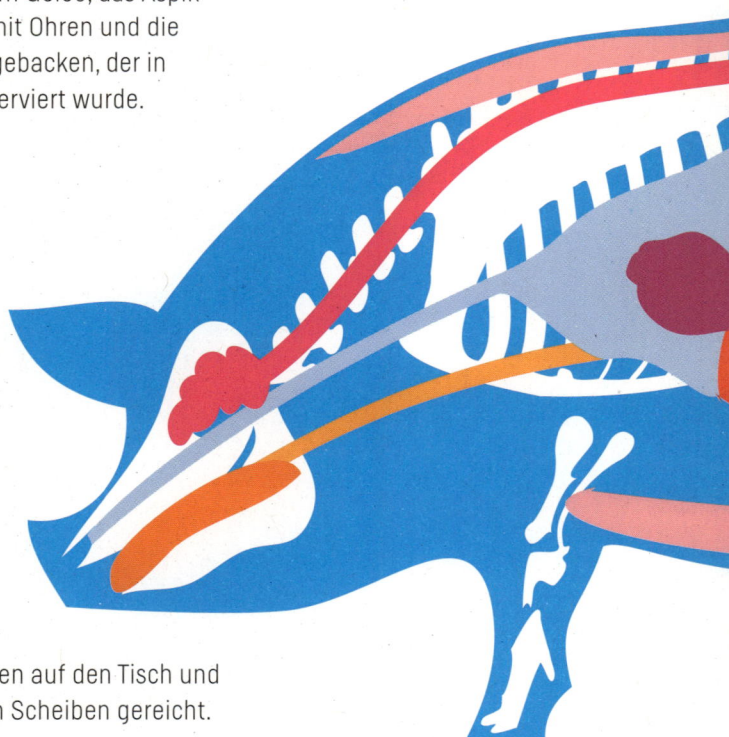

Zunge Sie kam im Ganzen auf den Tisch und wurde gekocht in feinen Scheiben gereicht.

Herz Saures Herz bedeutet nicht, dass jemand ärgerlich war, sondern dass das Herz über Nacht in einem Gemüse-Essig-Sud gekocht wurde.

Skelett Das Knochenmark in der Mitte der Knochen war etwas ganz Feines und wurde zu Markklößchen-Suppe verarbeitet.

Niere Nierchen heißt das Gericht, das daraus zubereitet wurde und leicht säuerlich schmeckt. Die Niere musste gut gewässert sein.

Schwarte Schinkenspeck – wer kennt den nicht? Mit einer Speckschwarte haben unsere Großeltern gerne die Pfanne ausgerieben. Im englischen Frühstück landet Speck immer noch als Bacon auf dem Teller.

Muskelfleisch wurde auch früher schon zu Kotelett, Schnitzel, Gulasch und Gehacktem verarbeitet.

Heute essen wir fast nur noch das Muskelfleisch.

Schwanz gibt es traditionell in Dänemark zum Mittsommernachtsfest, wenn man ein ganzes Spanferkel grillt.

Haut ist recht fett. Ausgelassen wurde sie zu Griebenschmalz verarbeitet, mit Zwiebeln und Äpfeln war es ein verbreiteter Brotaufstrich.

Darm Das Rindfleisch oder Eselfleisch für die Salami wird traditionell in Schweinemastdarm gestopft.

Magen Saumagen war eine Pfälzer Delikatesse und wird heute noch in Wirtshäusern empfohlen.

Füße Für Eisbein wurde tatsächlich das ganze Bein genommen und so lange gekocht, bis das Fleisch vom Knochen fiel. Angerichtet wurde es mit Sauerkraut und Kartoffelstampf.

WAS FÜR NÄHRSTOFFE SIND IM FLEISCH?

Die wichtigsten als Auswahl. 250 g Rindfleisch.

0 g Zucker
0 g Kohlenhydrate
0 g Ballaststoffe
0,0075 g Eisen
46,425 g Fett
63,5 g Eiweiß

690 Kalorien

Die gleiche Menge
Linsen enthält
0,00825 g Eisen.
Also 'n bisschen mehr.

WIE VIEL VOM SCHWEIN WIRD NICHT GEGESSEN?

In Deutschland. Verwertung & Nutzung.

etwa 60% zum direkten Verzehr

9—15%

Hausmüll

Umgerechnet landen im Jahr 4.100.000 Schweine im Hausmüll.

etwa 40 %

als Kraftstoff, Tierfutter und Dünger sowie für chemische Produkte

WO IST ÜBERALL SCHWEIN DRIN?

Industrielle Nutzung von Schweineteilen.

Gelatine wird aus Haut und Knochen hergestellt. Damit werden Dragees umhüllt.

Fettsäure aus Schweineknochen gibt Farben und Lacken den Glanz.

Aus dem Darm wird Heparin gewonnen und in der Medizin als Blutverdünner verwendet.

Gelatine findet man auch in Lakritze, Kaugummis, Gummibärchen, Eis oder Joghurts.

Aminosäuren vom Schwein machen Brotteig geschmeidig.

Fettsäuren stecken in Waschpulver und Seifen. Im Shampoo bewirken sie einen „perlenden Effekt".

Nicht nur auf – sondern auch im Brot.

Apfelsaft und Wein werden
mit Gelatine enttrübt.

Pinsel können aus Schweineborsten sein.

Hämoglobin aus Schweineblut
steckt im Zigarettenfilter.

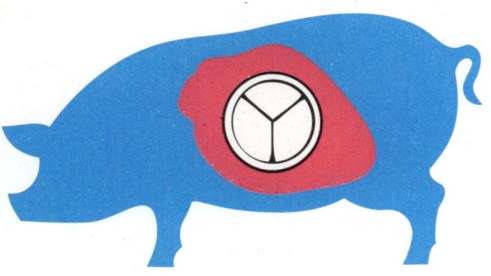

Herzklappen werden bei Menschen eingesetzt.

Kollagen wird dem Bindegewebe
entnommen. Es kommt in Cremes
und Gesichtsmasken vor.

Viele Sorten Zahnpasta enthalten
Glycerin aus dem Tierfett.

WIE VIELE TIERE WERDEN JÄHRLICH GESCHLACHTET?

In Deutschland. 2014.

667.129.169

58.934.837

37.070.345

20.272.398

3.606.557

1.041.775

599.782

24.306

8.852

2.890

1.975

Hühner

Fast 6-mal so viele Hühner wie alle anderen Tiere zusammen!

Schweine
Puten
Enten
Rinder
Schafe
Gänse
Ziegen
Pferde
Tauben
Strauße

WO WERDEN WIE VIELE HÜHNER GEHALTEN?

In Deutschland. Mast- & Legehühner. Haltungsplätze 2013.

3.214.700*
Schleswig-Holstein

7.880.700*
Mecklenburg-Vorpommern

2.600*
Hamburg

3.800*
Bremen

88.585.100*
Niedersachsen

8.553.300*
Sachsen-Anhalt

11.524.300*
Nordrhein-Westfalen

2.993.900*
Thüringen

2.263.800*
Hessen

1.467.500*
Rheinland-Pfalz

176.500*
Saarland

11.055.800*
Bayern

3.716.000*
Baden-Württemberg

667 Millionen Hühner werden im Jahr in Deutschland geschlachtet. Ein Masthuhn lebt nur 43 Tage, dann bekommt ein neues den Platz.

400*
Berlin

8.501.300*
Brandenburg

10.833.900*
Sachsen

* Sieben Mastdurchgänge pro Jahr

WIE VIELE MENSCHEN ESSEN KEINE TIERE?

Anzahl an Vegetariern & Veganern in Deutschland. 2015.

10.000.000 10.000.000 10.000.000 10.000.000

Bevölkerung

Rund 10% sind
Vegetarier in Deutschland.
Davon sind 4 Fünftel Frauen.

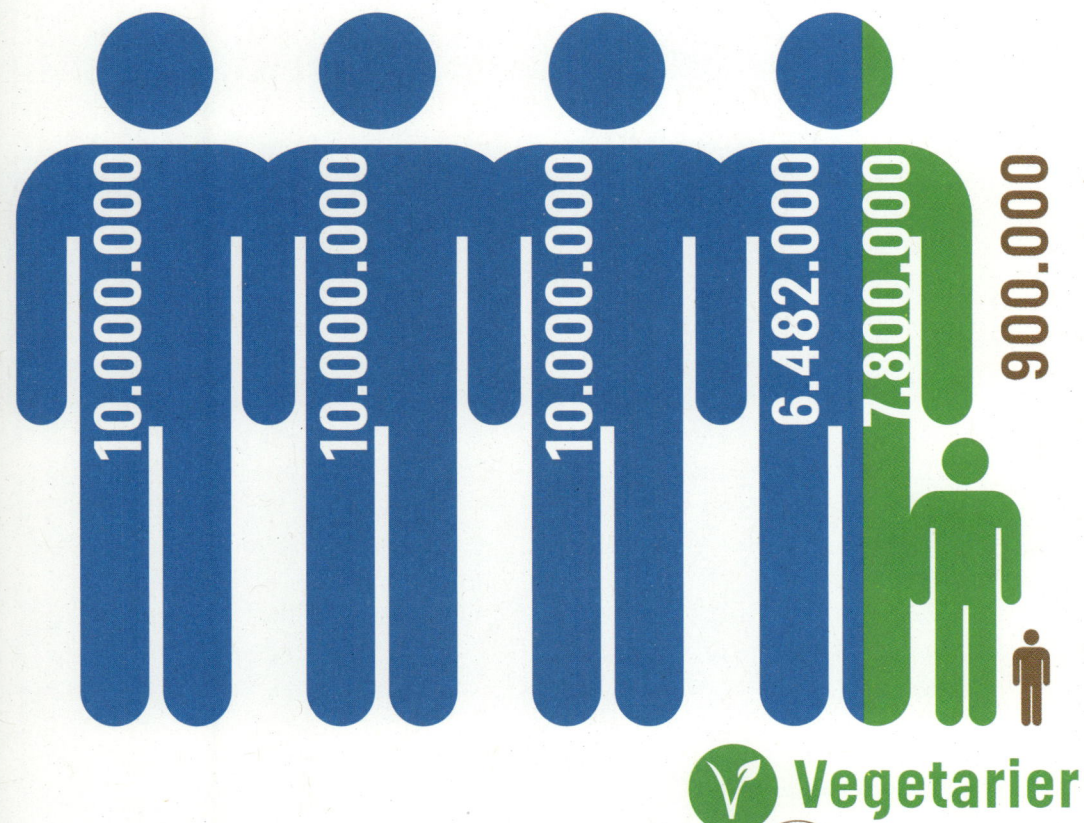

10.000.000 10.000.000 10.000.000 6.482.000 7.800.000 900.000

Vegetarier
Veganer

Vegetarier essen kein Fleisch, aber viele wollen auf Milchprodukte und Eier (oder eins von beidem) nicht verzichten. Vegetarier, die fleischlos leben, aber Fisch essen, werden Pescarier genannt. Vegetarier, die hin und wieder eine Ausnahme machen und Fleisch essen, heißen Flexitarier.

Veganer essen gar keine Produkte vom Tier – weder Fleisch noch Käse oder Milch, Butter, Eier oder Honig. Manche tragen auch keine Kleidung aus Wolle oder Leder und kaufen keine Kosmetika, in denen tierische Substanzen drin sind.

WIE GUT IST BIO EIGENTLICH FÜR DIE TIERE?

Konventionell, ökologisch oder bio?

Einige Gütesiegel verraten uns, wie unsere Lebensmittel erzeugt wurden, was dabei für die Tiere getan und wie die Landwirtschaft betrieben wurde. Bio ist gut für die Umwelt, steht aber nicht in jedem Fall für eine rundum verbesserte Tierhaltung. Das Neuland-Siegel bezieht sich explizit auf die Haltung der Tiere.

1 Dies sind staatliche Bio-Siegel der EU. Sie garantieren das Einhalten bestimmter Bio-Mindeststandards, auch bei der Tierhaltung. Das routinemäßige Entfernen von Schwänzen und Hörnern ist verboten – und nur im Einzelfall zulässig. Zu mindestens 90 % wird Bio-Futter garantiert. Transportzeiten und -strecken der Tiere sind eher ungenau geregelt.

2 Die Bio-Anbauverbände achten darauf, dass das Futter zu 100 % biologisch angebaut ist und nicht genetisch verändert wurde. Sie verfolgen auch konsequenter als die staatlichen Siegel eine artgemäße Tierhaltung. Keine Transporte über 4 Stunden und über 200 km zum Schlachthof, außerdem mehr Platz für die Tiere, als der staatliche Mindeststandard verlangt. Jedoch töten auch sie die Bruderküken. Demeter verbietet, die Kuhhörner zu entfernen. Keine Antibiotika-Gabe für ganze Tierbestände. Bei Bioland und Demeter ist es vorgeschrieben, die Ferkel betäubt zu kastrieren, alle anderen empfehlen es nur.

3 Neuland hat ganz strenge Auflagen und vertritt die artgerechte Haltung am stärksten. Alle Tiere bekommen Stroh und keines darf angebunden oder fixiert im Stall stehen. Für Auslauf ins Freie ist ganzjährig gesorgt. Obergrenzen für Herden sind festgelegt, die Schweine leben in Gruppen und behalten ihre Ringelschwänze, männliche Ferkel werden betäubt kastriert. Nur kranke Tiere dürfen vereinzelt mit Antibiotika behandelt werden. Die Kühe behalten ihre Hörner, und die Legehennen im Stall bekommen Sitzstangen. Die Schlachtung im Akkord ist verboten. Transporte über 200 km und mehr als 4 Stunden sind nicht erlaubt. Jedoch ist das Futter der Tiere nicht „bio", sondern wird konventionell erzeugt, wobei Soja aus Übersee oder genetisch veränderte Pflanzen nicht verfüttert werden.

Konventionell meint, dass ein Landwirt nur die gesetzlichen Mindestauflagen erfüllt, die zum Schutz der Tiere und der Umwelt existieren.

Von bio oder ökologisch reden wir, wenn ein Landwirt weitestgehend auf Pestizide und Kunstdünger verzichtet und sich in mancher Hinsicht mehr für das Tierwohl einsetzt.

Was hättest du gerne für ein Siegel?

und viele mehr

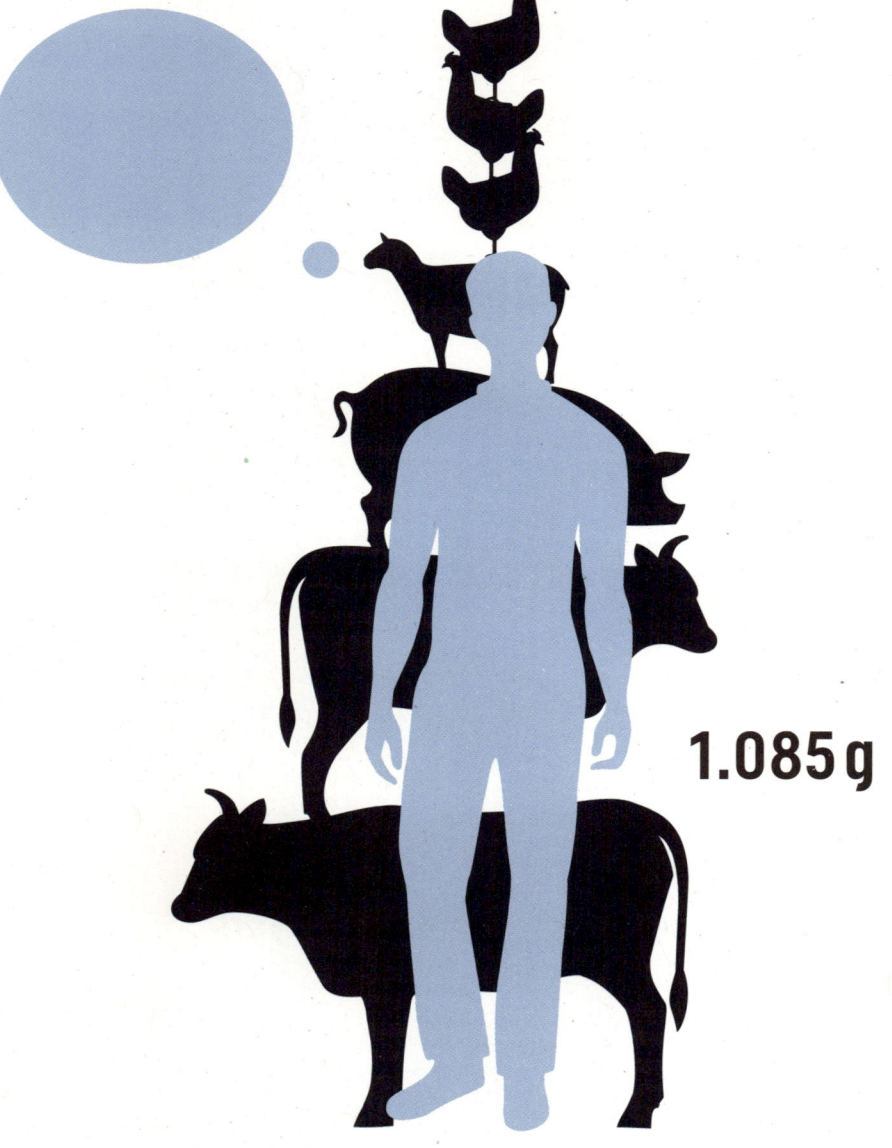

1.085 g

Fleischessen wird vor allem bei Männern mit Groß- und Starkwerden verknüpft. Das wird uns so vermittelt. Jedoch gibt es männliche und weibliche Spitzensportler, die gar kein Fleisch essen, um Kraft und Ausdauer aufzubauen. Einige gewinnen mit diesem Speiseplan sogar den Ironman-Triathlon – das ist einer der anspruchs-vollsten Ausdauerkämpfe weltweit. Es geht darum, erst 4 km zu schwimmen und 180 km Rad zu fahren und danach einen Marathon über 42 km zu laufen.

602 g

Die Ernährungs-
empfehlungen
für Männer und Frauen
sind identisch – die
Rollenbilder verschieden.

WELCHE TIERE ESSEN WIR WELTWEIT?

Vergleich Schlachtgewicht in Prozent.

36,4%

31,0%

0,6%

0,9%

1,7%

0,1%

1,8%

21,8 %

0,2 %

1,4 %

0,6 %

2,8 %

In einigen Ländern wird gern Katze gegessen.

0,2 % und weniger

Wenn Menschen aus religiösen Gründen auf Lebensmittel – darunter auch Fleisch – verzichten, geht es ihnen nicht nur darum, Regeln einzuhalten oder die Schöpfung zu achten. Religiöse Speisegebote haben ihren Sinn weit darüber hinaus.

Sie haben mit Zugehörigkeit und mit Identität zu tun. Menschen drücken damit aus, welche Überzeugungen sie mit anderen Menschen teilen – und von welchen Werten sie sich abgrenzen. Zugleich sind Speiseregeln auch kleine „Aufmerksamkeitstrainer", die uns alltäglich daran erinnern, „achtsam" zu essen und uns Gedanken darüber zu machen, wie wir uns ernähren. Wie wir mit Genuss und Verzicht umgehen, mit Alltag und Festen und auch mit den Lebewesen, von denen wir uns ernähren.

Buddhisten

Das Gebot, fühlenden Wesen nicht zu schaden, wird von Buddhisten sehr ernst genommen. Sie verzichten weitgehend auf Fleisch.

Hinduisten

Kühe sind im hinduistischen Glauben heilige Tiere, in denen 330 Millionen Gottheiten wohnen. Das Verletzen oder gar Töten eines Rindes wird streng bestraft.

Schwein ist in
so vielem drin –
und es steht nicht
drauf.

freitags Fisch

Muslime

Bei Muslimen kommt kein
Schwein auf den Tisch. Es gibt
eine besondere Art, die Tiere
zu töten, die man essen will.
Das Fleisch gilt dann als halal,
was „geeignet zum Verzehr"
und „rein" meint.

Christen

Streng gläubige Christen
essen freitags kein Fleisch,
sondern Fisch. Und sie
halten eine 40-tägige
Fastenzeit vor Ostern ein.

Juden

Religiöse Juden trennen Milch
und Fleisch. Sie essen nur Säuge-
tiere mit gespaltenem Huf, die
wiederkäuen. Die Tiere müssen
ausbluten, nachdem sie geschlachtet wurden – koscheres
Fleisch gilt deshalb als halal.

WO WIRD WIE VIEL FLEISCH VERBRAUCHT?

Fleischversorgung. Weltweit. Im Verhältnis zum Wohlstand.

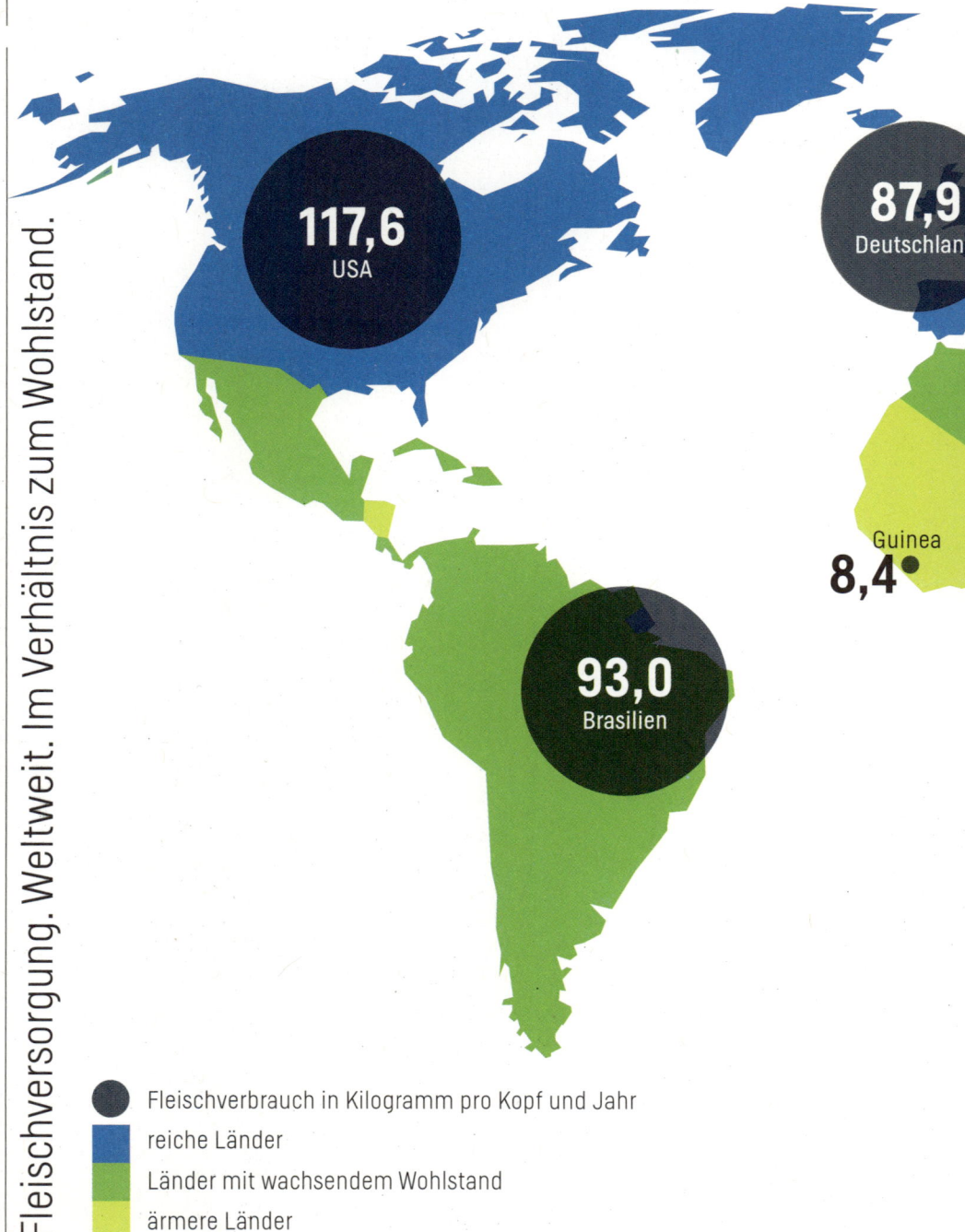

117,6
USA

87,9
Deutschland

Guinea
8,4

93,0
Brasilien

● Fleischverbrauch in Kilogramm pro Kopf und Jahr

▮ reiche Länder

▮ Länder mit wachsendem Wohlstand

▮ ärmere Länder

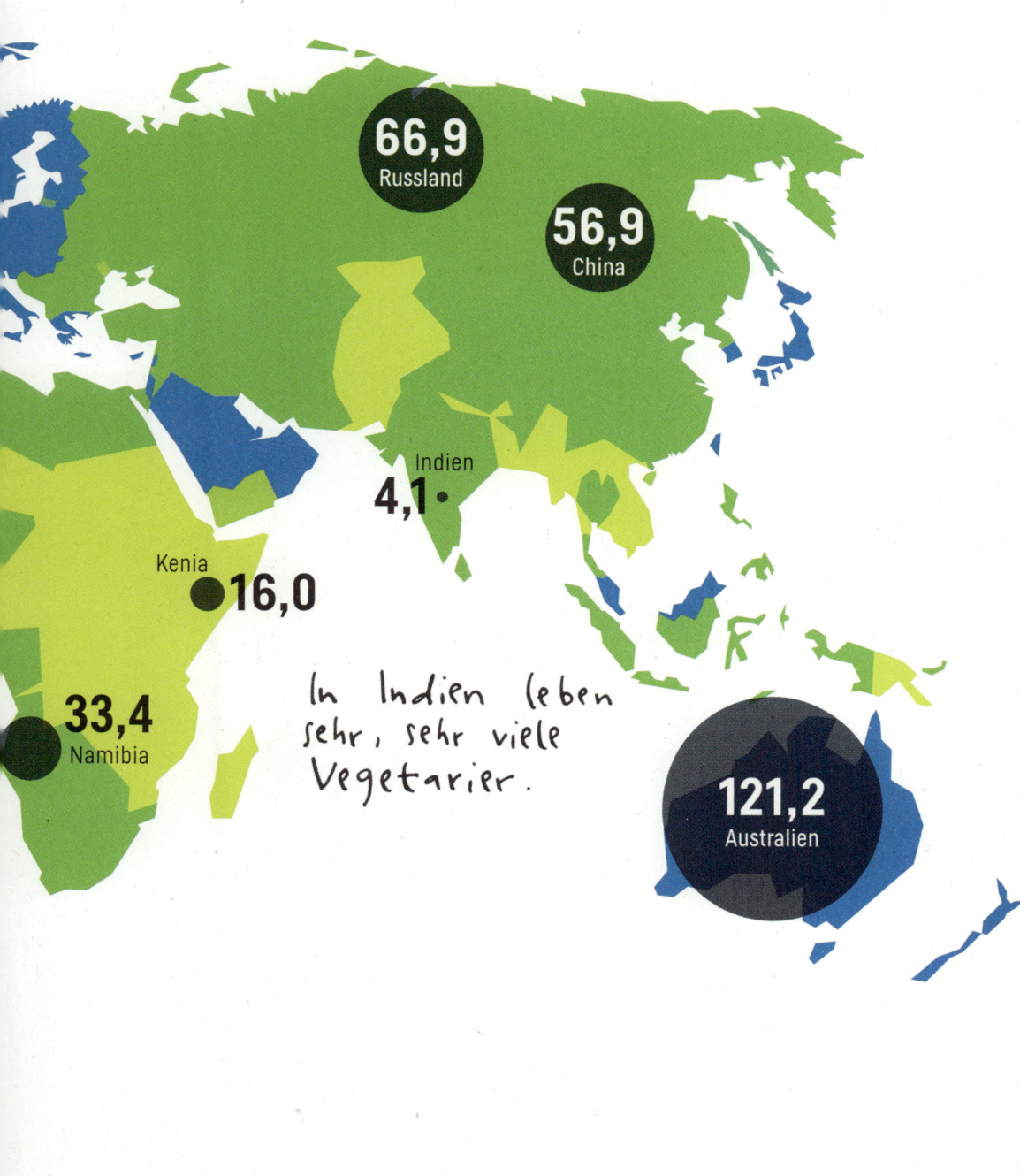

66,9
Russland

56,9
China

Indien
4,1 •

Kenia
● **16,0**

33,4
Namibia

In Indien leben
sehr, sehr viele
Vegetarier.

121,2
Australien

WIE VIEL GELD GEBEN WIR FÜR ESSEN AUS?

Anteilig von unserem durchschnittlichen Einkommen. Weltweit.

USA 6,5 %

Deutschland 10,6 %

Dänemark 11,3 %

Frankreich 13,6 %

China 25,5 %

Rumänien 28,0 %

Indien 29,0 %

Indonesien 33,1 %

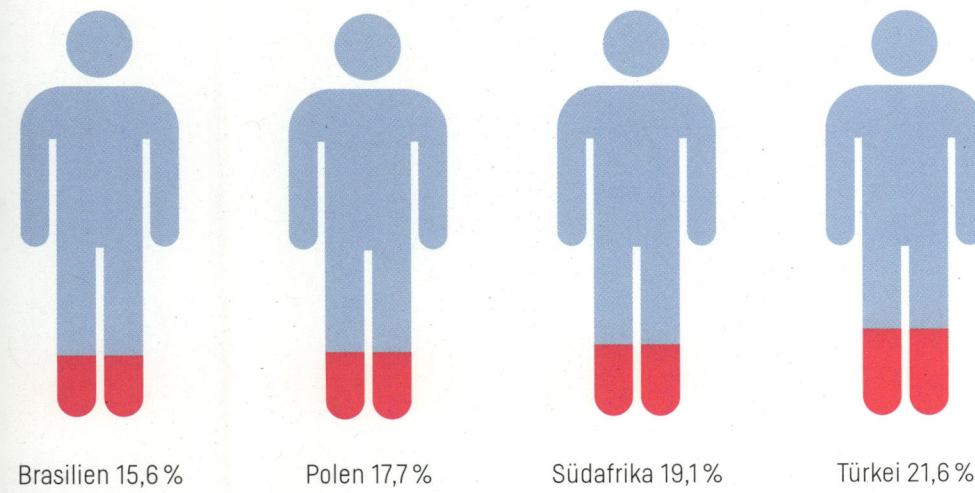

Brasilien 15,6 %   Polen 17,7 %   Südafrika 19,1 %   Türkei 21,6 %

Es gibt arme Menschen, die müssen alles, was sie haben, für Essen ausgeben.

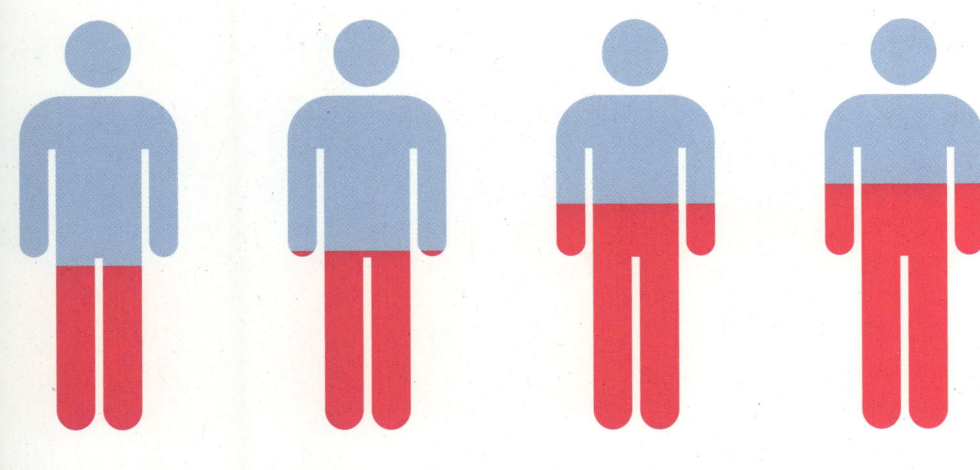

Guatemala 40,4 %   Aserbaidschan 44,3 %   Nigeria 56,6 %   Äthiopien 58,6 %

WIE KOMMT IN JEDEN TOPF EIN HUHN?
Die Erfinderin der Massentierhaltung.

Es fing mit 50 piepsenden Küken an, aus denen aber – versehentlich – 500 wurden! Die amerikanische Hausfrau Celia Steele hatte sich im Jahr 1923 vorgenommen, ihren Hühnerstall neu zu bestücken. Deshalb bestellte sie 50 frisch geschlüpfte Hühner als Nachschub. Das ging gründlich schief. Denn geliefert wurde nicht die Menge an Federvieh, die Celia bestellt hatte – sondern zehnmal so viel! Vor den Augen der verdutzten Bäuerin wurden 500 Küken entladen.

Wohin sollte die arme Frau jetzt bloß mit all den Vögeln? Sie stand vor einem Riesenproblem. So ein Tier braucht viel Platz, um sich zu bewegen. Dafür war der Hof zu klein. Und Hühner sind zwar sehr soziale Wesen, aber sie mögen es gar nicht, in Massen aufeinander zu glucken. Experten gehen davon aus, dass eine Herde von bis zu 50 Hühnern ideal ist. Bei dieser Größe geht es den Tieren gut, sie können einander leicht kennenlernen und eine soziale Rangfolge unter sich ausbilden. Hast du schon mal von der „Hackordnung unter Hühnern" gehört? Klingt jetzt nicht so supersozial, ist aber gut und wichtig.

Ein Huhn möchte seinen Platzanspruch in der Gruppe geklärt wissen. Dann entspannt es sich leichter. Wer seinen Schlafplatz wo hat, wer andere dominiert oder zuerst an den Fressnapf darf, das alles lernen bereits junge Küken mühelos und oft spielerisch. Ohne einander die „Augen auszuhacken".

Wie anders sieht es dagegen bei jenen Fabrikhühnern aus, die wir heutzutage mästen. Diese wirken wie verloren im Bedürfnis, sich sozial zu ordnen, weil sie zu Hunderten oder Tausenden orientierungslos zusammenhocken. Das macht tierisch Stress und führt zu gestörtem Verhalten und schlimmen Aggressionen. Vom „Federpicken" spricht man beispielsweise, wenn ein Masthuhn dem anderen die Federn ausreißt. Von „Kannibalismus", wenn die Hühner sich gegenseitig anfressen.

Nichts von alledem hatte jedoch Celia Steele schon vor Augen. Kein Wunder also, dass sie sich entschied, ihre neuen Küken einfach zu behalten. Alle 500, und sei es auf engstem Raum! Celia pferchte die Tiere in ihrem kohlebeheizten Stall zusammen, um sie dort sicher durch den Winter zu bringen. Ohne Tageslicht, monatelang – und mit Erfolg. Denn als das Frühjahr anbrach, waren 387 Tiere noch am Leben und verkaufsreif. Für jedes einzelne strich die Besitzerin sogar 1,40 Dollar ein. Das war der Beginn einer ganz neuen Idee: der modernen Massentierhaltung.

Die Amerikanerin war tatsächlich eine der ersten, die ihren winzigen Hühnerhof in Windeseile in einen Großbetrieb umwandelte: Eier und Fleisch wurden in rauen Mengen produziert. 1926 besaß Celia schon 10.000 Hühner, fast zehn Jahre später waren es eine Viertelmillion.

Andere amerikanische Züchter konnten die Frau beneiden, denn sie hatten weitaus weniger Tiere (gerade mal 23 im Durchschnitt). Was aber war das Geheimnis der Hühnerbaronin?

Entscheidend war das Kraftfutter. Es gab inzwischen neuartige Mischungen, mit denen Celia freudig experimentierte, weil diese Vitamin A und D enthielten. Dadurch kamen die Tiere auch ohne frische Luft, Licht und Auslauf aus. Am Ende war Celia jedoch nicht die einzige, die erkundete, wie man die gängige Tierzuchtpraxis umkrempeln könnte. Viele Bauern wollten das. Und es gab plötzlich alle möglichen Hilfsmittel dafür!

Brutschränke für die Küken und stapelbare Käfige für Legehennen. Die Ställe wurden immer größer, und Fließbänder hielten darin Einzug. Der Kot der Tiere wurde auf Transportbändern abgeführt, das Futter – ganz ähnlich – ohne viel Personal zu ihnen gebracht. Alles vollautomatisch! Und weil Hühner durch Licht dazu angeregt werden, mehr zu fressen (und mehr Eier zu legen!), baute man schließlich auch Lampen über ihren Köpfen ein. Diese brannten 18 Stunden am Stück und signalisierten, dass es niemals Nacht oder Winter würde. Sprich: Das Huhn durfte sich einfach nicht auf die faule Haut legen, einen Gang runter schalten, sondern sollte Höchstleistung bringen. Und damit wurde das Geflügel, das glücklich über den Bauernhof gackerte, bald zum Auslaufmodell.

Doch am Horizont tauchte ein anderes Tier auf: das viel gepriesene „Suppenhuhn für alle" oder Backhendl vom Grill. Das „Chicken to go" vom Wiener Wald oder Brathuhn „Kentucky Fried". Der Siegeszug der Billighühner schien kaum mehr aufzuhalten. Und dies nicht zuletzt, weil sich auch die Politik immer stärker einzumischen begann: Sie unterstützte die Wirtschaft darin, mehr Fleisch auf die Teller zu bringen. Kannst du dir vorstellen, wie der Wahlkampfslogan hieß, mit dem Herbert Hoover im Jahr 1928 die Präsidentenwahl in den USA gewann? Er stellte klar, was die Leute konkret wählten, wenn sie für ihn stimmten. „Ein Huhn für jeden Topf!" – so lautete sein Wahlversprechen. Keine Frage. Das klappte.

WIE VIELE HÜHNERRASSEN GIBT ES?

Geflügelvielfalt. Früher & heute.

Broiler ist keine Rasse, sondern ein Grillhähnchen.

Früher wurde nicht genau hingeschaut, ob ein Huhn gut Eier legen kann oder viel Fleisch abwirft. Es war wichtig, dass es beides konnte und robust war. Und es gab Hunderte verschiedener Rassen von Haushühnern. Inzwischen aber kommt ein Großteil unserer Eier von einigen wenigen Rassen. Die Hennen wurden so gezüchtet, dass sie gigantisch viele Eier legen. Zur Mast wurde eine andere Zuchtlinie vorangetrieben. Sie wird ungeheuer dick und setzt viel Muskelfleisch an. Viele Rassen starben aus.

WAS IST EIN BRUDERKÜKEN?

Legehennen sind hochspezialisierte Eierproduzentinnen.

Diese Turboleger sind klapperdürr unter ihren Federn.

Legehühner bringen männliche und weibliche Küken zur Welt. Aber nur die Hennen, also die weiblichen Tiere, werden später Eier legen können. Das bringt ihren 48 Millionen Bruderküken jährlich den Tod: Denn die Brüder werden keine Eier legen, und zur Fleischproduktion sind sie auch nicht geeignet, weil sie gar nicht dick werden und langsam wachsen. Sie werden deshalb als Eintagsküken direkt nach der Geburt vergast oder geschreddert. Mit den alten Hühnerrassen, mit denen beides möglich ist – Eier und Fleisch zu produzieren –, würde dieses Problem gar nicht erst auftauchen.

Lebenserwartung. Ökologische & konventionelle Haltung.

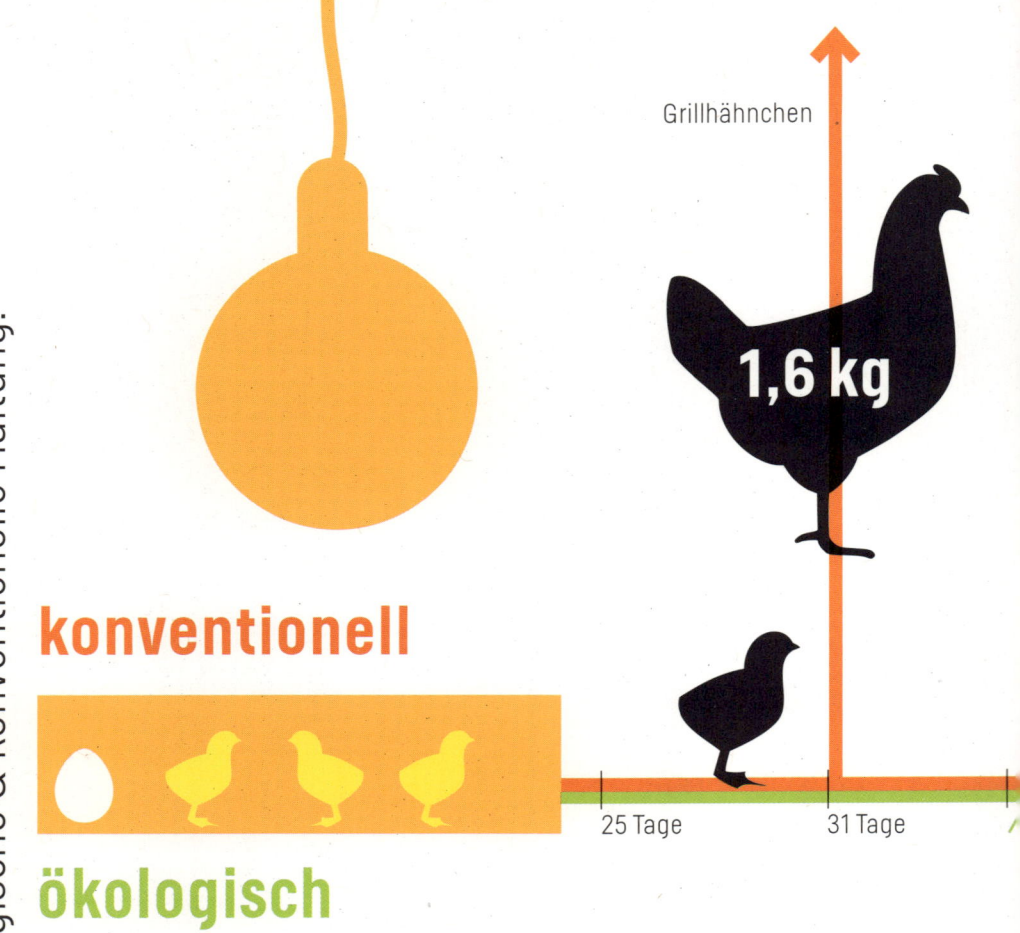

konventionell

ökologisch

Grillhähnchen

1,6 kg

25 Tage   31 Tage

Ein Haushuhn kann eigentlich
5 bis 9 Jahre alt werden.

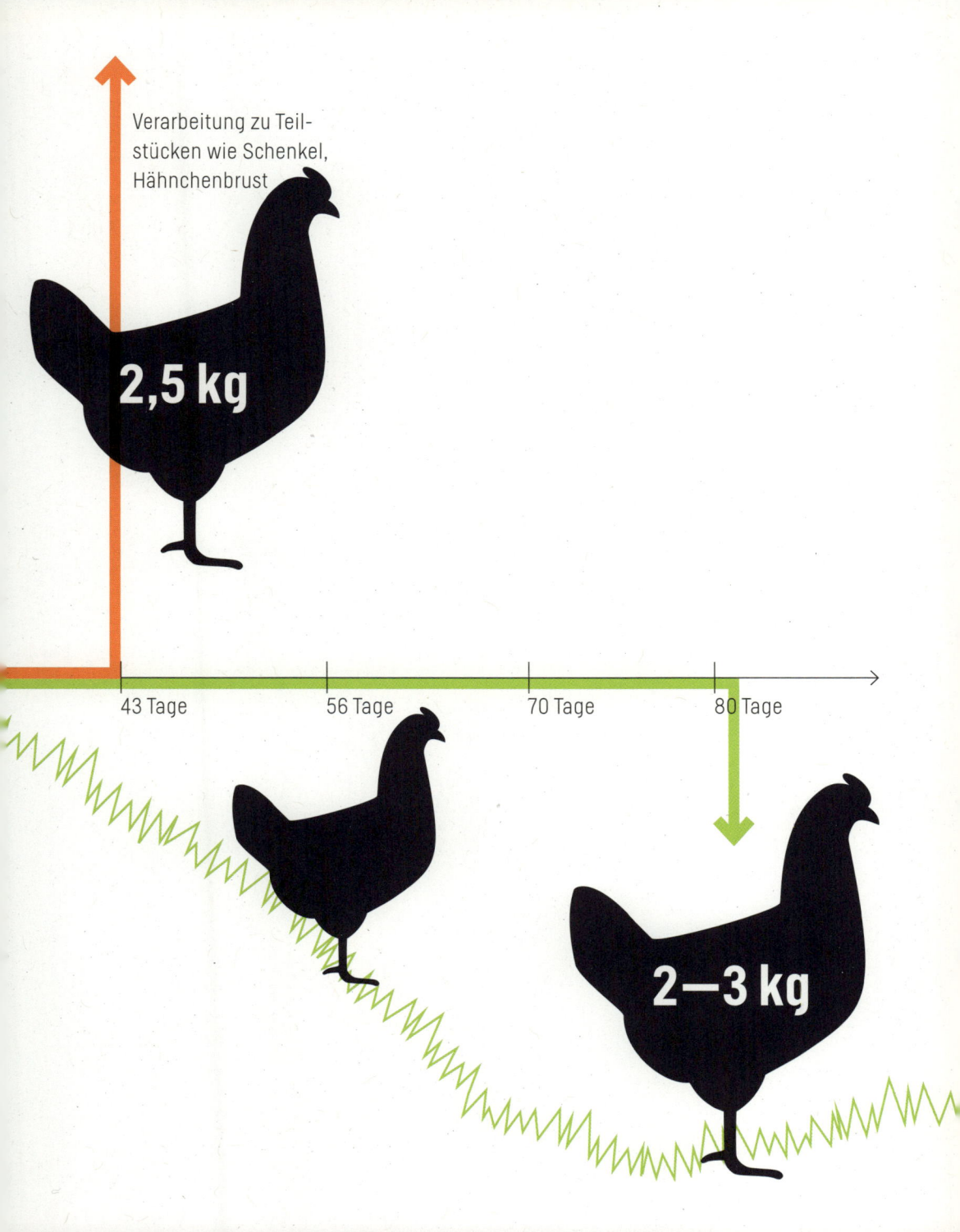

Verarbeitung zu Teil-
stücken wie Schenkel,
Hähnchenbrust

2,5 kg

43 Tage   56 Tage   70 Tage   80 Tage

2—3 kg

WAS HAT MILCH MIT FLEISCH ZU TUN?

Geburt eines Kalbes & Milchproduktion.

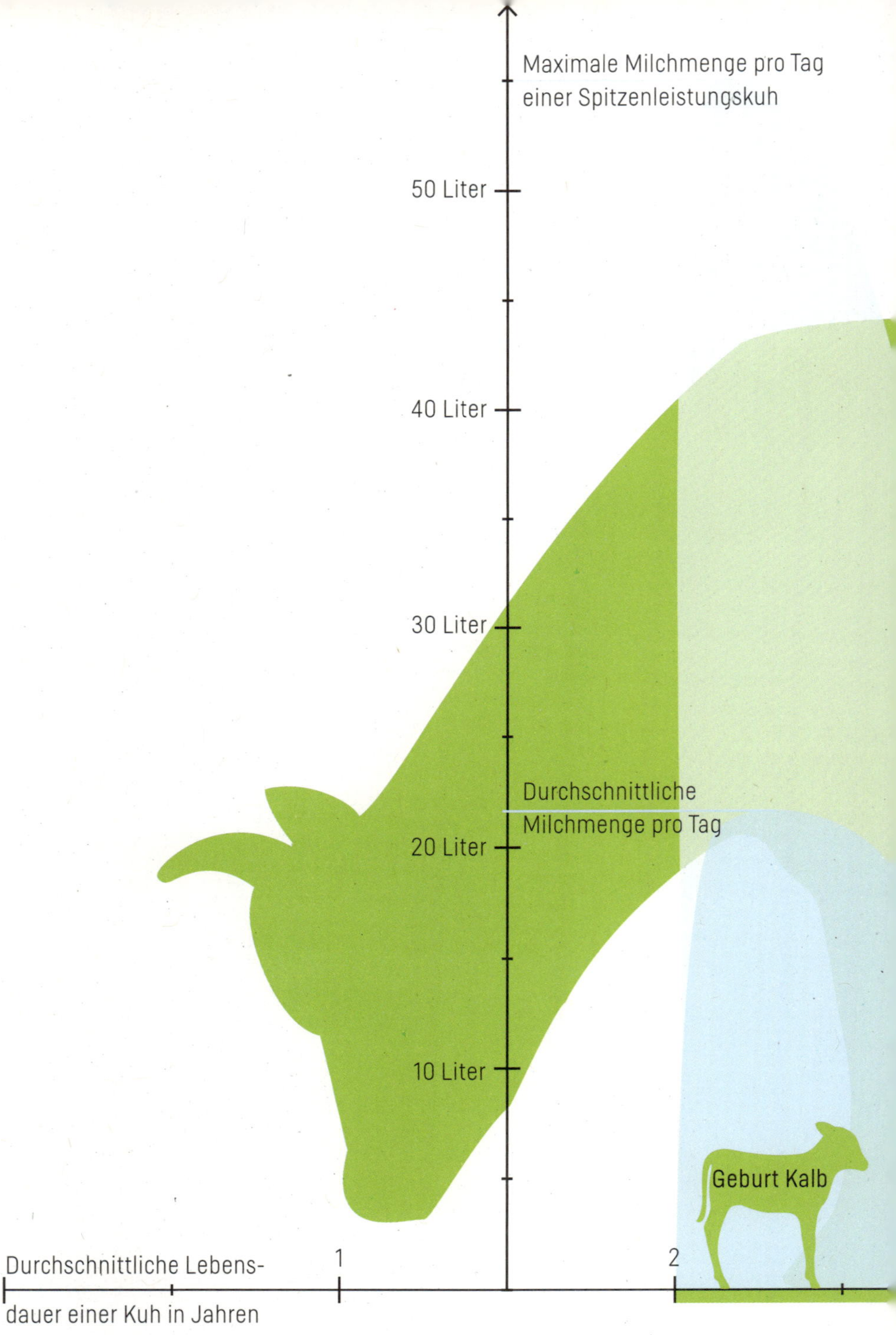

Maximale Milchmenge pro Tag
einer Spitzenleistungskuh

50 Liter

40 Liter

30 Liter

Durchschnittliche
Milchmenge pro Tag

20 Liter

10 Liter

Geburt Kalb

Durchschnittliche Lebens-
dauer einer Kuh in Jahren

1

2

Durchschnittlich gibt eine
Kuh in ihrem kurzen Leben
also 24.172 Liter Milch.

Damit Milch fließen kann, muss die Kuh ein Kälbchen gebären – erst dann schießt ihr Muttermilch ins Euter. Das Kalb wird damit aber nicht gesäugt, weil es gleich wieder von der Mutter getrennt wird. Es bekommt mit Wasser vermischtes Milchpulver zu trinken. Die Milch der Kuh trinken die Menschen. Die weiblichen Kälber wachsen zu Milchkühen heran, die männlichen werden geschlachtet.

Zwei bis drei Wochen nach der Geburt wird die Kuh neu besamt. Das heißt, sie ist dann wieder schwanger. Im Durchschnitt werden Milchkühe in Deutschland nur fünf Jahre alt. Dabei könnten sie viel älter werden.

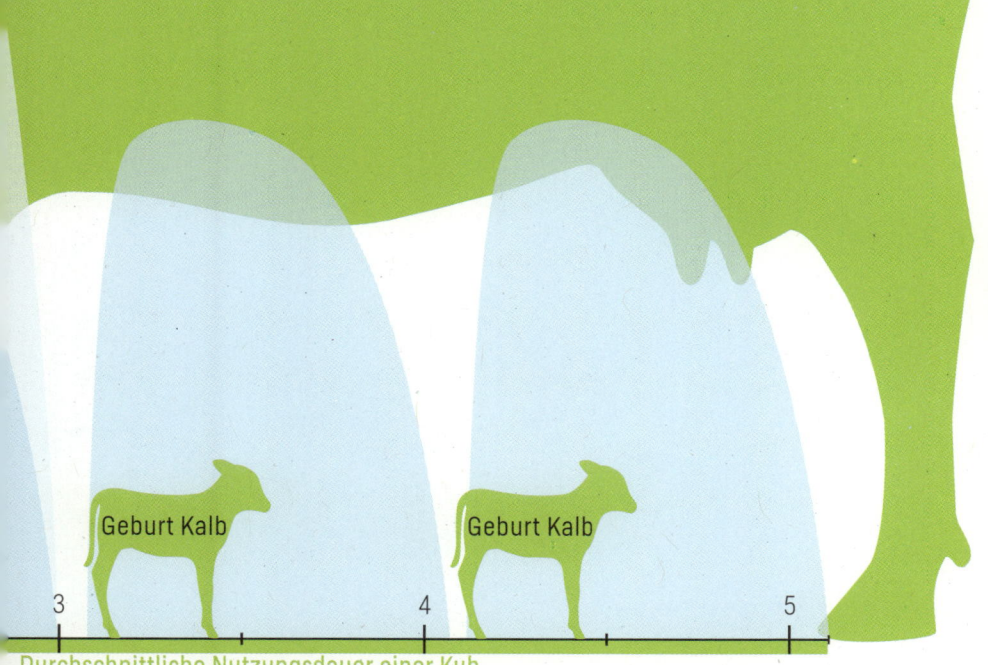

Geburt Kalb

Geburt Kalb

3 4 5

Durchschnittliche Nutzungsdauer einer Kuh

WIE LEBT EINE SAU?

Sie wirft zweimal im Jahr Ferkel & wird zweieinhalb Jahre alt.

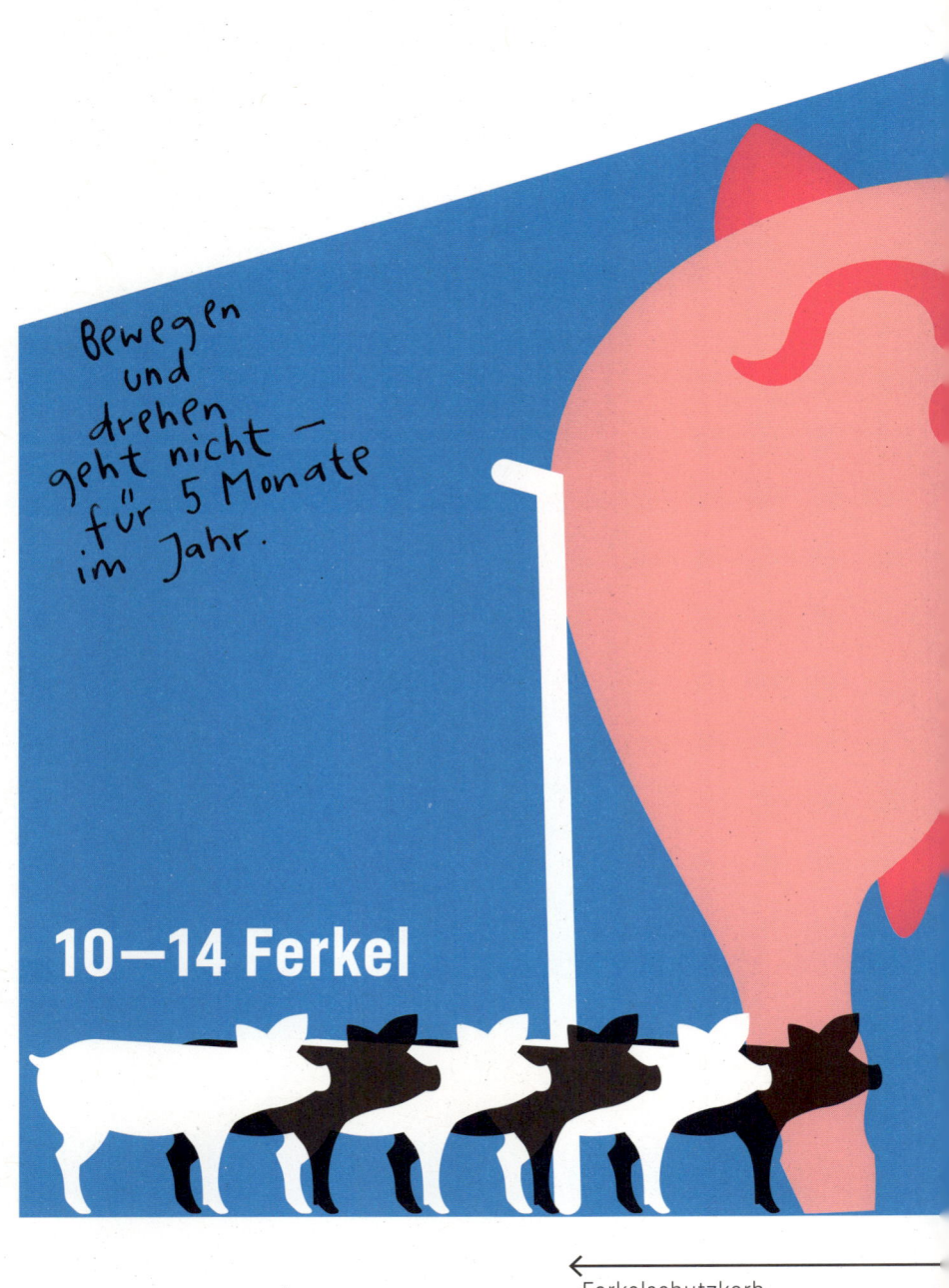

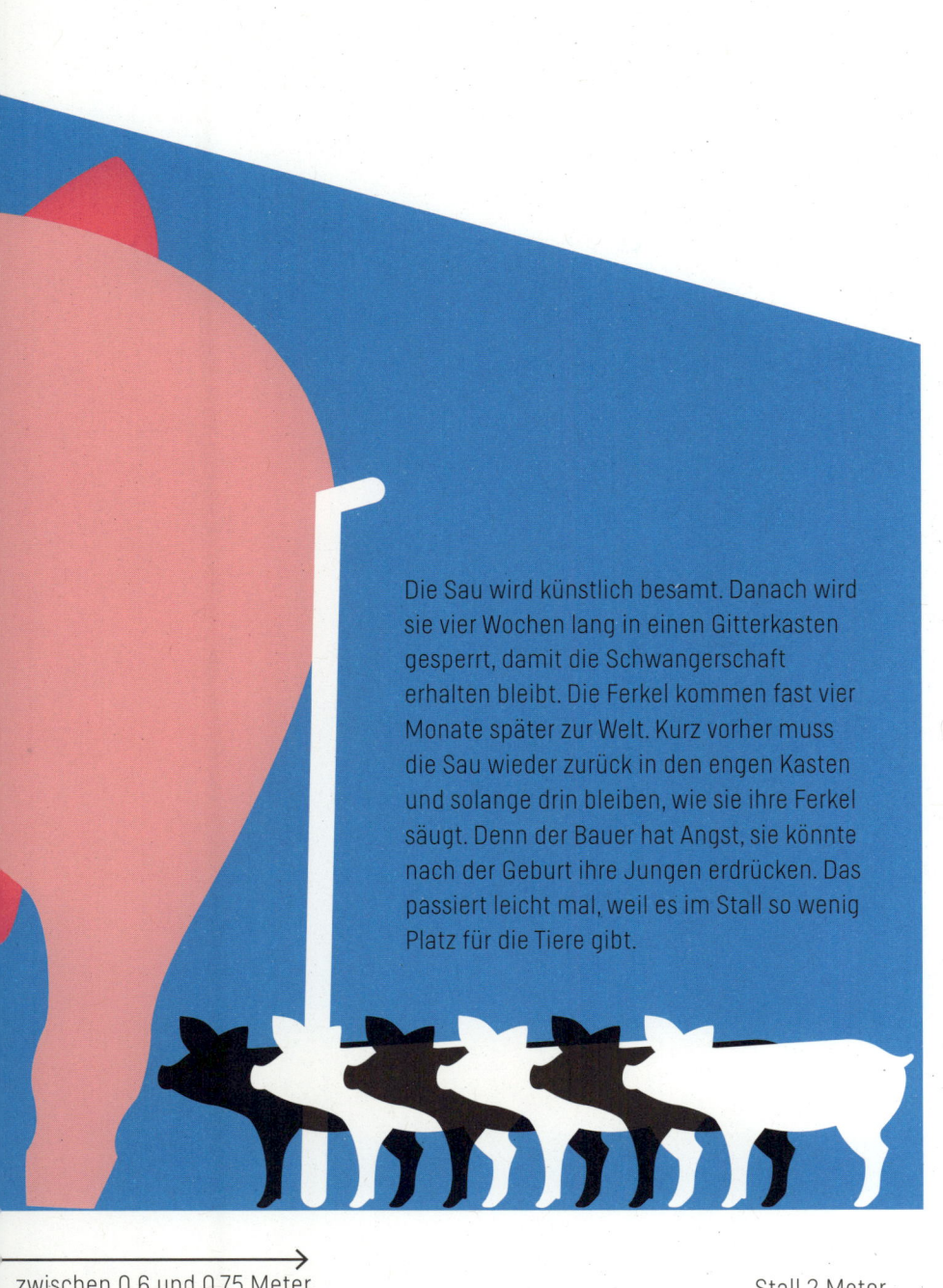

Die Sau wird künstlich besamt. Danach wird sie vier Wochen lang in einen Gitterkasten gesperrt, damit die Schwangerschaft erhalten bleibt. Die Ferkel kommen fast vier Monate später zur Welt. Kurz vorher muss die Sau wieder zurück in den engen Kasten und solange drin bleiben, wie sie ihre Ferkel säugt. Denn der Bauer hat Angst, sie könnte nach der Geburt ihre Jungen erdrücken. Das passiert leicht mal, weil es im Stall so wenig Platz für die Tiere gibt.

zwischen 0,6 und 0,75 Meter

Stall 2 Meter

WIE VIELE ANTIBIOTIKA BEKOMMT WER?
Verschreibung, Anwendung & Dauer der Behandlung.

**Tiermedizin
1.619 Tonnen**

Es gibt Krankheiten, die durch gefährliche Bakterien ausgelöst werden. Früher konnten die Menschen daran sterben – etwa an Lungenentzündung oder Blutvergiftung. Inzwischen haben wir verschiedene Antibiotika dagegen entwickelt. Sie töten die Bakterien ab oder halten ihre Vermehrung auf. Das kann lebensrettend sein.

Auch in Tierställen werden Antibiotika eingesetzt. Nicht selten geschieht dies aber unpräzise. Es wird nicht nur gezielt das kranke Tier, sondern vorsorglich gleich die ganze Herde behandelt und das Medikament über die Tränkwasseranlage oder das Futter an alle verabreicht. Weil kaum jemand – zum Beispiel bei riesigen Geflügelscharen im Stall – leicht überblicken kann, welches Tier gesund und welches krank ist. Unnötige und ungenaue Einnahmen von Antibiotika sind aber schädlich. Wenn kranke Tiere zu

Humanmedizin
700—800 Tonnen

schlecht fressen oder trinken, bekommen sie
zu wenig vom Medikament ab. Die Bakterien
werden dann nicht sicher abgetötet und
können Abwehrmechanismen entwickeln.
Sie werden dadurch resistent – das bedeutet,
das Antibiotikum ist jetzt wirkungslos gegen
sie.

Durch rohes Fleisch können resistente
Bakterien auf Menschen übertragen werden.

Erinnerst du dich,
dass du mal Anti-
biotika bekommen
hast? Wichtig war,
sie ganz genauso
lange zu nehmen
wie verordnet.

Fleisch wird nach der Schlachtung von zahl-
reichen Bakterien besiedelt, die es langsam
zersetzen. Diese müssen nicht gesund-
heitsschädlich sein. Gefährlich wird es aber
für gesundheitlich angegriffene Personen
bei Salmonellen und antibiotikaresistenten
Keimen – also solchen Keimen, die sich mit
Antibiotika nicht mehr bekämpfen lassen.

Bakterien kannst du
weder sehen noch
schmecken. Sie sind
überall und müssen nicht
gefährlich sein.
Können aber!

Fleisch nach dem Einkauf gleich nach
Hause bringen. Die Kühlkette darf nicht zu
lange unterbrochen sein.

Die Hände häufig mit warmem
Wasser und Seife gründlich waschen.

Offene Wunden mit Pflaster abdecken,
damit Keime nicht hineingelangen.

0 − 4°

Rohes Fleisch immer kühl und zugedeckt lagern.

Rohes Fleisch und andere Lebensmittel getrennt halten. Sonst übertragen sich Krankheitserreger und Bakterien. Nicht das gleiche Messer und Brett verwenden.

80°

60°

Fleisch muss gründlich erhitzt werden. Hierzu ist eine Temperatur von 70 bis 80 Grad Celsius notwendig. Also nicht nur anbraten, sondern stets gut durchbraten!

Nach der Zubereitung müssen alle Arbeitsflächen sofort und gründlich mit heißem Wasser gesäubert werden.

150 schlachtreife Schweine

mindestens **390.000 LKWs**

Jedes Schwein wird mindestens einmal transportiert, nämlich zur Schlachtung. Schon allein dafür sind in Deutschland mindestens 390.000 LKWs im Jahr unterwegs. Tatsächlich sind es aber noch mehr, weil unzählige Ferkel ja auch

So ein Laster ist kein Bus mit Sitzplätzen. Der hat einfach nur drei Etagen für die Tiere.

schon vom Züchter zum Mäster gebracht werden – dann passen sogar 400 Tiere in den LKW hinein. Der Transport ist ganz schön anstrengend für die Schweine, darf aber laut Gesetz bis zu 8 Stunden – ohne Nahrung und Wasser – dauern.

WIE WIRD GEFLÜGEL GESCHLACHTET?
Maschinelle Tötung & Zerlegung.

Geflügel wird meistens kopfüber durch ein Elektrobad gezogen und betäubt.

Mit einem Messer wird die Halsschlagader durchgeschnitten. Das Tier stirbt durch Blutverlust.

Die Federn werden mit heißem Wasser entfernt.

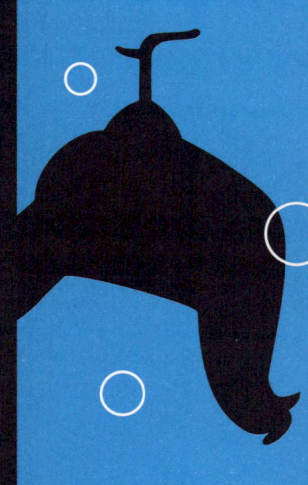

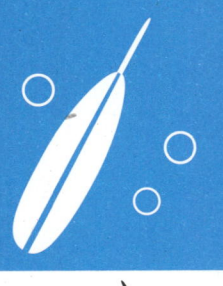

Wenn das Huhn den Kopf einzieht, wird es nicht betäubt.

Danach werden Kopf und Füße abgetrennt

und die Innereien entnommen.

Von nun an wird die Kühlkette nicht mehr unterbrochen.

WIE WERDEN SCHWEINE GESCHLACHTET?

Maschinelle Tötung & Zerlegung.

Mit einem Fahrstuhl werden die Schweine hinunter in einen Schacht gefahren, der mit CO_2 gefüllt ist. Das Gas betäubt die Tiere. Wenn der Aufzug wieder hochkommt, bleibt das CO_2 unten. Es ist schwerer als Luft und kann nicht aufsteigen.

Die Schweine sind bewusstlos und werden kopfüber an einer Kette durch die Schlachtstraße gezogen. Durch einen Messerstich in Herznähe verlieren die Tiere Blut und sterben daran.

Danach kommen die Schweine in eine heiße Brühtonne, damit sich die Borsten von der Haut lösen.

CO_2

Es gibt ein Gesetz, dass Tiere betäubt sein müssen, bevor sie getötet werden dürfen.

Schwanz, Ohren und Beine
werden abgetrennt,

die Haut abgezogen

und die Organe entnommen.
Der Tierarzt kommt und
prüft die Organe noch auf
Krankheiten.

WER SCHLACHTET DIE TIERE?

In Deutschland. In den großen Schlachthöfen.

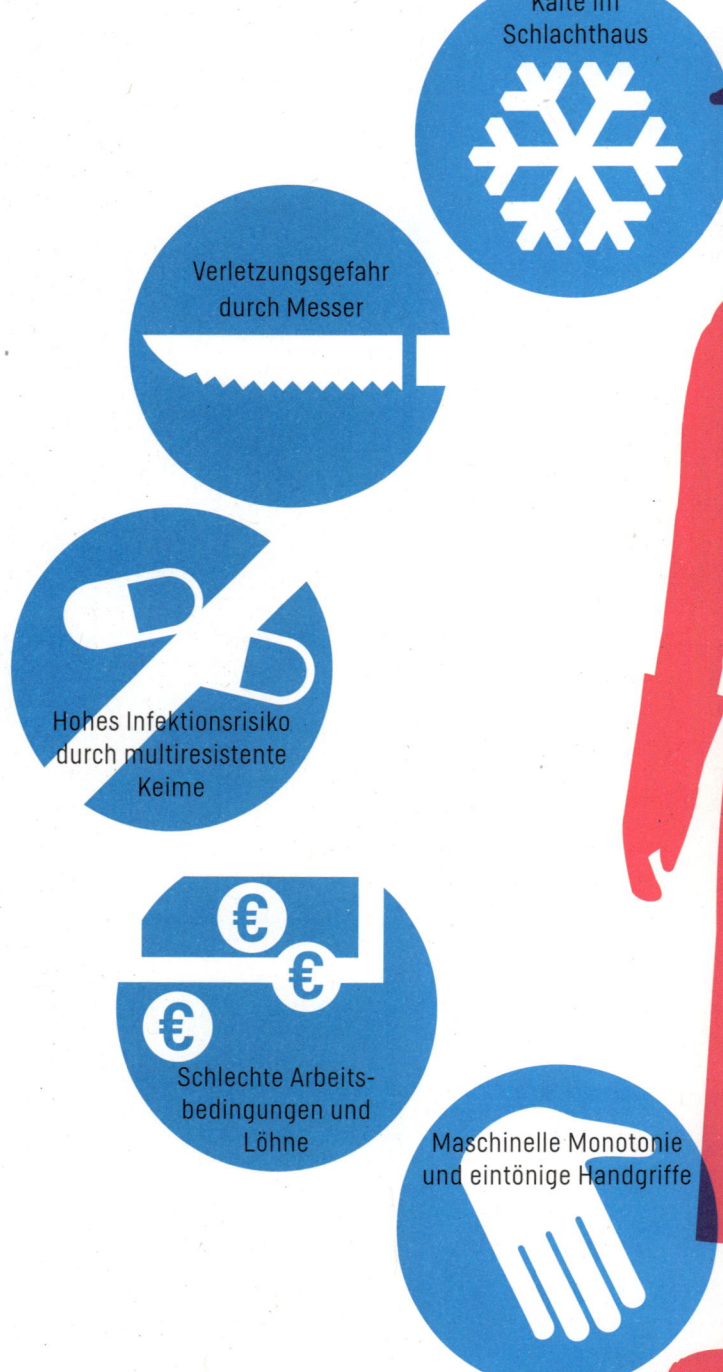

Kälte im
Schlachthaus

Verletzungsgefahr
durch Messer

Hohes Infektionsrisiko
durch multiresistente
Keime

Schlechte Arbeits-
bedingungen und
Löhne

Maschinelle Monotonie
und eintönige Handgriffe

Seelisch
belastende
Arbeit

Ganz schön weit weg
von Freunden und Familie,
um alle Eindrücke zu
verdauen.

Wenig Rückhalt,
eigene Rechte
einzuklagen

Schlechte
Unterkünfte

Kaum soziale
Anerkennung
für den Job

Früher war Schlachter ein angesehener Handwerksberuf. Heute will kaum jemand in einem Schlachthof arbeiten. Schätzungsweise ein Drittel der Angestellten, die bei uns am Schlachtband stehen, kommen aus Osteuropa. Viele bleiben nicht lange in Deutschland und sind bei Arbeitsfragen und im Alltag oft allein auf sich gestellt.

WO KAUFEN WIR UNSER FLEISCH?

In Deutschland. Schwein, Rind & Huhn.

zusammen 78 %

88 %

im Supermarkt

zusammen 22 %

beim Metzger und auf dem Markt

Ist wie beim Busfahren:
Dem Metzger kannst
du Fragen stellen.

WIE VIELE TIERE STERBEN UNNÖTIG?

Tagesküken, Aufzuchtverluste & Hausmülltiere.

Männliche Küken werden nach dem Schlüpfen vergast oder geschreddert.

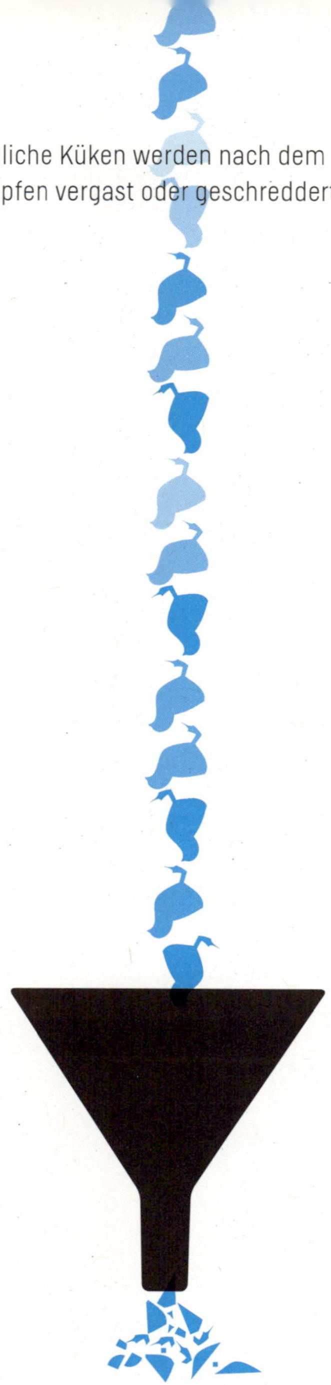

Tiere, die als Schlachttiere aufgezogen werden und vor dem Schlachttermin sterben.

Während der Aufzucht

48.000.000

42.000.000

Diese Tiere starben unnötig, weil ihr Fleisch verdorben oder unverdorben im Haushalt weggeschmissen wurde.

Tiere im Hausmüll

Tiere, die beim Transport sterben, sind nicht in den Zahlen mit drin.

53.830.000

WAS BEDEUTET EIGENTLICH STRUKTURWANDEL?

Aufgegebene Schweinehaltungen. Deutschland. 2001 bis 2015.

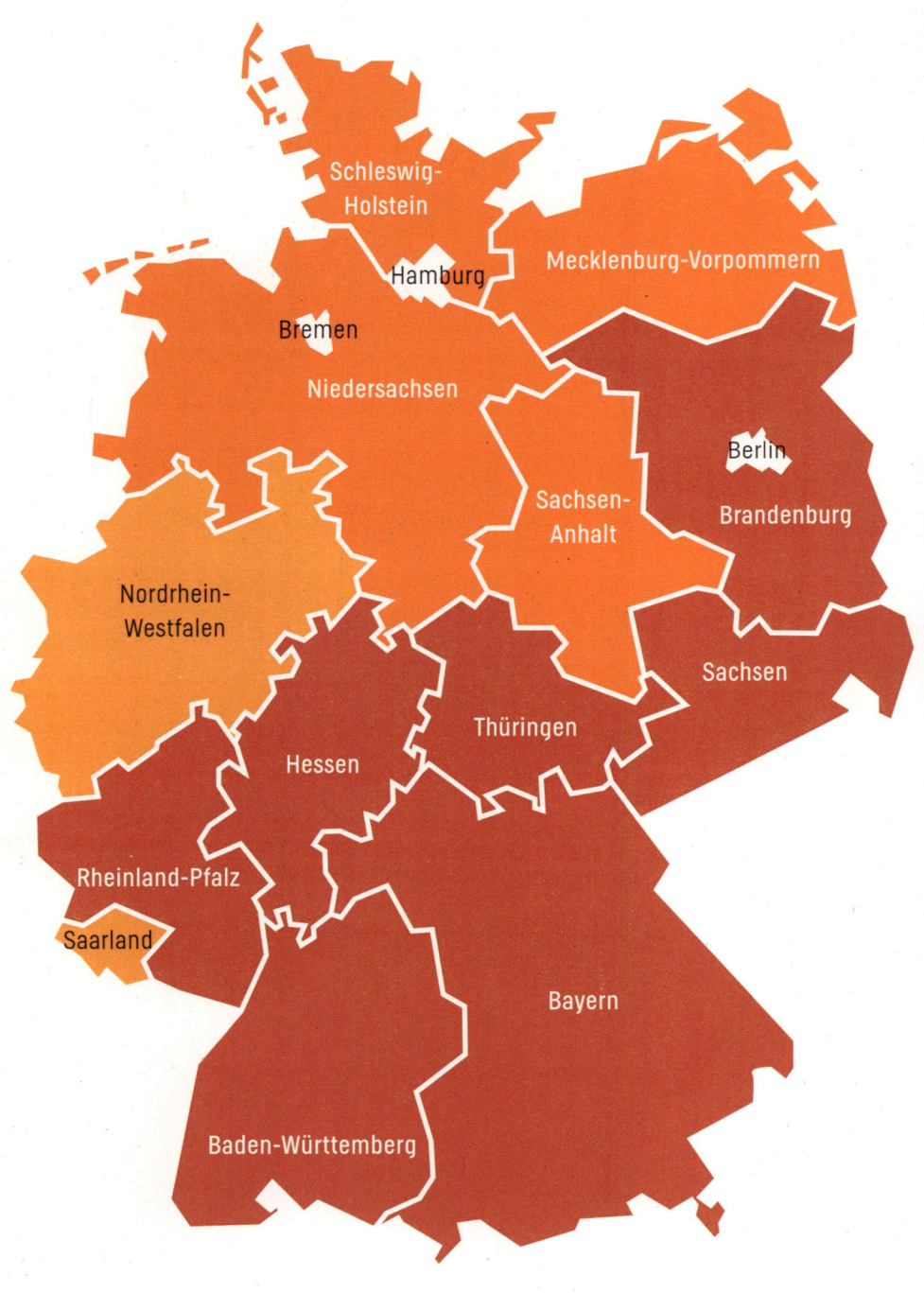

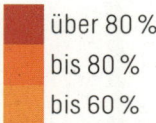
über 80 %
bis 80 %
bis 60 %
... der Höfe haben die
Schweinehaltung aufgegeben.

Immer mehr kleine und mittlere Höfe geben
die Tierhaltung auf. Zeitgleich entstehen
ständig neue Ställe, in denen es kein
bisschen mehr zugeht wie auf einem
Bauernhof. Mehr als 66 % aller Schweine
stehen in Mecklenburg-Vorpommern mit
über 5.000 anderen Artgenossen zusammen.

Es gibt aber auch Betriebe, in denen
10.000 Muttersauen leben, die jedes Jahr
250.000 Ferkel erzeugen. Oder Mastanlagen
mit 18.000 Rindern oder 1.000.000 Hühnern.

Die Bauernhöfe, die verschiedene
Tierarten halten, werden immer seltener.
Seit 1995 haben sich 90 % der Bauernhöfe von ihren Schweinen verabschiedet.
Fast um die Hälfte verdoppelt hat sich
zeitgleich die Menge an Schweinefleisch,
die produziert wurde.

In Bayern haben seit 2001
27.800 Höfe mit der
Schweinehaltung aufgehört.

Wenn es eng ist im Stall, bleibt kein Platz für Gelassenheit, und die Tiere langweilen sich. Gefährliche Schnäbel und gefährdete Schwänze werden abgeschnitten.

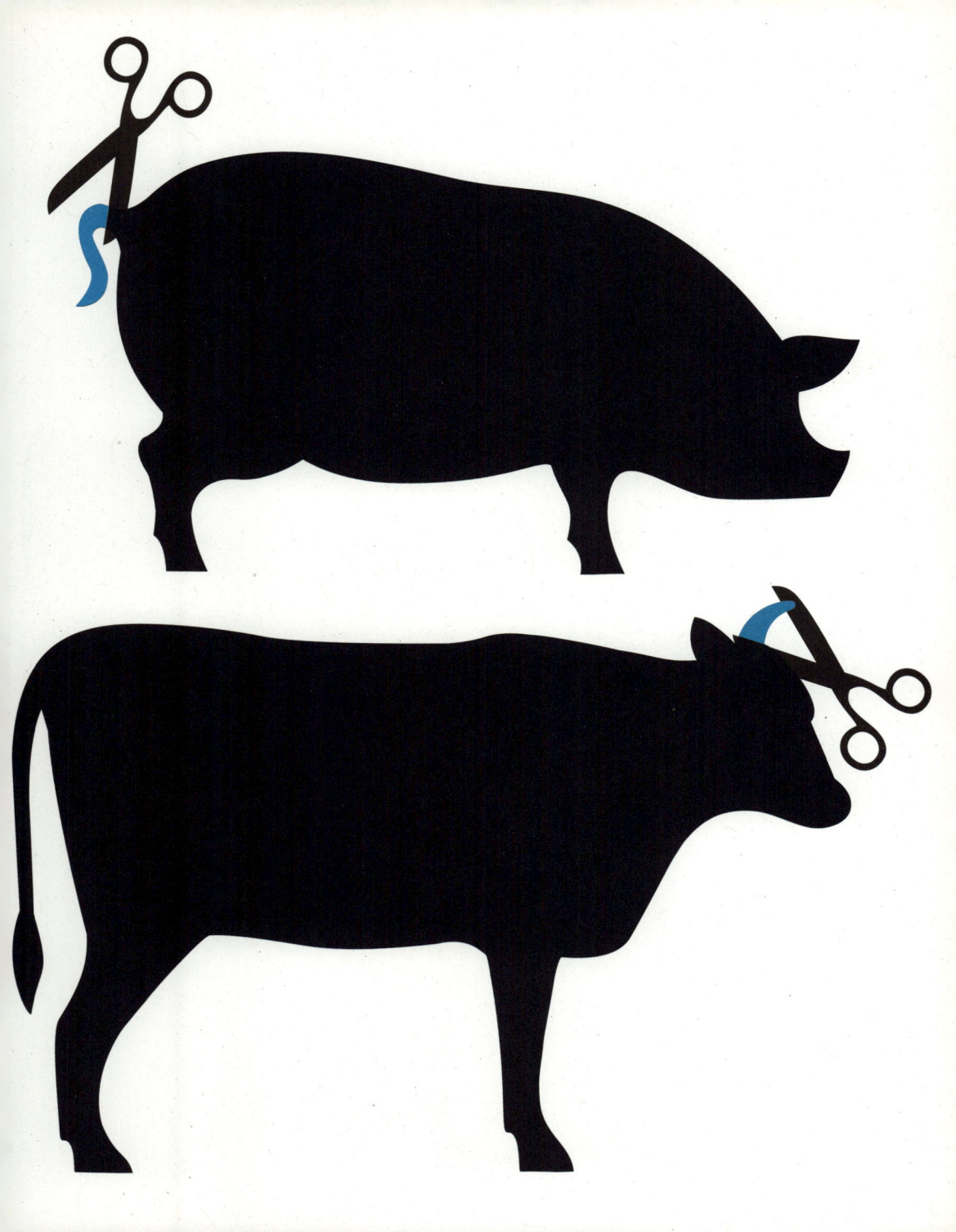

35

WARUM LIEBE ICH HUNDE, ESSE ABER KÜHE & SCHWEINE?

Fragen, die immer neu gestellt werden müssen.

Wir sind aufgewachsen mit Kuscheltieren, die wir im Arm hielten und denen nichts zustoßen durfte. Zwischen Bäh und Bello – dem Wuschellamm und dem Hund mit Kulleraugen – wurde nicht unterschieden. Nutztier oder Haustier, wir hatten beide lieb.

Trotzdem finden wir nichts dabei, wenn Fleisch auf den Tisch kommt. Wir sind von klein auf daran gewöhnt, dass es so ist. Viele Kinder stellen zwar Fragen dazu, deshalb gibt es Foren im Internet, in denen Eltern sich gegenseitig beraten: „Wie erkläre ich meinem Kind eigentlich, wo Fleisch herkommt?" Anscheinend fällt es den Eltern schwer, mit der Wahrheit rauszurücken.

Für Hund, Katze und Meerschweinchen würden wir alles tun. Sind sie krank, geht es der ganzen Familie schlecht. Müssen sie zum Tierarzt und Medikamente haben oder operiert werden, geben wir dafür viel Geld aus. Selbst wenn der Doktor nicht garantieren kann, dass das Tier wieder gesund wird, lassen wir nichts ungenutzt und helfen ihm. Denn „einfach" einschläfern – wie gemein! Doch was geht da bloß in uns vor? Wieso haben wir manche Tiere so lieb, während andere uns seltsam egal sind? Es lohnt sich, hierauf einmal genauer zu achten. Denn unser Blick auf Tiere steckt voller Widersprüche.

Kaum jemand von uns wäre in der Lage, ein Tier zu töten, denn wir haben gelernt, uns in Tiere hineinzudenken und mit ihnen zu fühlen. Gleichzeitig nehmen wir es schweigsam hin, dass Millionen von Tiere an jedem Tag für unser Essen getötet und zerlegt werden. Und dabei wirkt unser Mitgefühl erstaunlich blockiert.

Die US-Psychologin Melanie Joy erklärt uns dies so: Wir wachsen mit der Vorstellung auf, dass es normal, notwendig und natürlich ist, Fleisch zu essen – „das machen alle so". Dabei lernen wir auch zu trennen, dass es bestimmte Tiere gibt, die als essbar gelten, und andere, die wir nicht essen. Ein Pferd in der Lasagne finden wir eklig. Entsetzlich geschmacklos auch, einen zerlegten Golden Retriever oder Dackel auf dem Teller zu haben. Unsere starken Reaktionen darauf haben mit den Grenzen zu tun, die wir unbewusst ziehen, weil uns bereits als Kindern beigebracht wurde, was als selbstverständlich gilt und was nicht. In China werden Hunde aber gegessen. Und streng gläubige Muslime rühren nichts vom Schwein an, obwohl wir es so lecker finden.

Sicher spielt auch hinein, dass wir kaum noch vor Augen haben, wie Fleischproduktion abläuft. Viel zu selten bekommen wir zu sehen, wie in Mastanlagen und Schlachthöfen tatsächlich gearbeitet wird. Damit wird auch das Leid ausgeblendet, das Tieren dort zugemutet wird. Doch wie Melanie Joy beobachtet, ist dies noch lange nicht alles. Ihrer Meinung nach ist es nicht so, dass wir dieses Leid einfach nur übersehen. Um jegliches Unbehagen von uns fern zu halten, wenn wir Fleisch essen, seien auch große psychische Anstrengungen in uns selbst nötig. Wir grenzen uns emotional von Tieren ab, die wir essen. Wir verleugnen vor uns selbst, dass natürlich auch diese Lebewesen Empfindungen und Persönlichkeit besitzen – so wie der Hund vom Nachbarn. Nur so gelingt es uns, unser eigenes Verhalten nicht weiter zu hinterfragen und uns immer wieder gegenseitig darin zu bestätigen, dass Fleischessen doch eigentlich ganz normal ist.

36

George Orwell
hat seinen berühmten
Roman Animal Farm
nicht ohne Grund mit
Schweinen besetzt.

Am liebsten bauen Schweine sich Schlafnester, in denen sie nachts mit der ganzen Familie drin liegen, um einander nah zu sein. Ein Schwein hat viele menschenähnliche Bedürfnisse: Es ist ein geselliges Tier, mag gerne Hautkontakt und lebt in kleineren Familienverbänden, der Rotte, wenn man es lässt. Von „saublöd" oder „schweinedumm" kann keine Rede sein, denn Schweine sind intelligent, sie erkennen sogar ihr eigenes Spiegelbild wieder. Das können nur sehr wenige andere Tiere.

Von Natur aus sind Schweine sehr reinlich – niemals würden sie ihren Fress- oder Schlafplatz beschmutzen und hier Kot oder Urin ausscheiden. Doch im Stall von heute ist kaum Gelegenheit, sich dafür in eine andere Ecke zu verdrücken. Was ein Schwein vermutlich ziemlich „menschenblöd" findet, denn es mag üblen Geruch gar nicht. Seine Nase ist hochempfindlich, ähnlich wie die von Hunden. Ein Schwein kann in freier Umgebung endlos damit zubringen, am Boden und in der Erde nach Futter zu wühlen, um hier etwa Wurzeln und Knollen, Würmer und Maden und vieles andere mehr aufzuspüren.

Langeweile und Nichtstun ist also absolut nichts für Schweine. Wenn man sie lässt, haben sie immer etwa zu tun – dazu gehört auch das Suhlen in Schlammpfützen. Für uns mag das nach „Dreckmachen" aussehen, doch es dient dazu, die eigene Haut abzukühlen. Schweine besitzen fast keine Schweißdrüsen (außer am Rüssel). Wenn es draußen wärmer wird, können sie also nicht schwitzen und so ihre Körpertemperatur wieder runterschrauben. Ein kühlendes Bad in Wasser und Schlamm wirkt hier erleichternd.

Wenn zwei Schweine sich treffen, kommt es zum „Naso-Nasalkontakt". Das sieht dann wie ein Kuss zwischen Artgenossen aus, dient aber der geruchsmäßigen Wiedererkennung untereinander. Gar nicht so leicht, das Leben der Schweine zu verstehen, nicht wahr?

37

WIE SPRECHEN KÜHE?

Die Kuh vermeidet Konflikte über die Körpersprache.

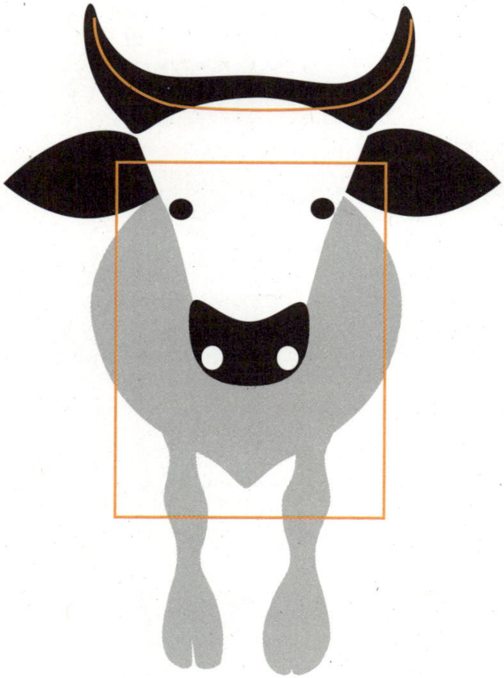

Ich mag dich!

Die Nase zeigt nach oben, und der Hals wird entgegengestreckt.

Halt Abstand!

Die Nase zeigt nach unten, nah an den Körper gedrückt, und die Hörner werden nach vorne gestreckt.

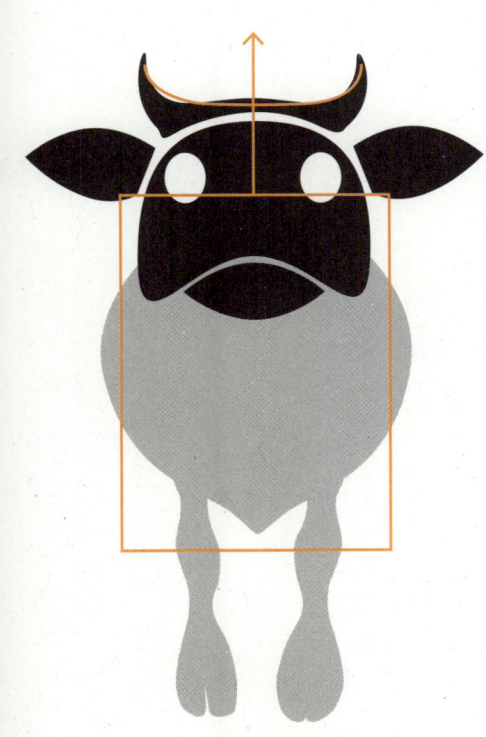

Du darfst mir sogar den Hals lecken!

Kühe können mit ihrer Körpersprache Stress vermeiden.

Bleib mir vom Leib!

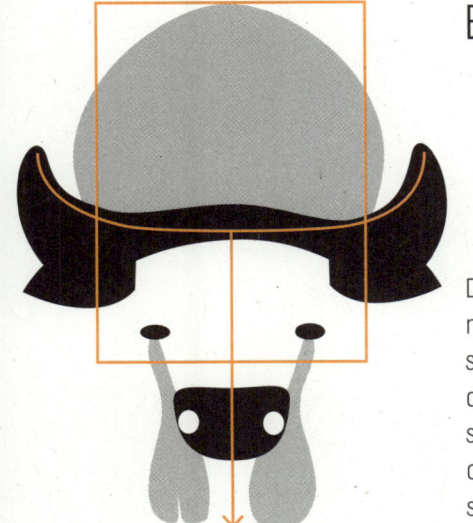

Die Hörner sind ein ganz wichtiges Kommunikationsmittel für die Kuh. Damit kann sie sich verständlich machen – je nachdem, wie die Hornschale zum Körper und zum Kopf steht, signalisiert sie den anderen Kühen deutlich, wie es um sie steht. Bei uns sind schätzungsweise 70 bis 80 % der Milchkühe enthornt. Einige sind bereits so gezüchtet, dass ihnen keine Hörner mehr wachsen.

38

WAS TUT EINE GANS, WENN SIE EIN KREUZ SIEHT?

Forschungsergebnisse zur Kommunikation von Gänsen.

Draußen im Freien lernt das Federvieh von klein auf, auf Geräusche und Bewegung zu reagieren – ohne Panik zu bekommen.

Vögel sind ungeheuer reizempfänglich. Das gilt auch für
Hühner, Puten und Gänse. Wird ein einzelnes Tier durch ein
Signal aufgeschreckt, reagiert die Vogelschar in Sekunden-
schnelle gemeinsam – das nennt man Schwarmintelligenz.
Der Tierpsychologe Konrad Lorenz hat das genauer erforscht.
Er lebte mit Gänsen und beobachtete ihr Verhalten im Freien.
In einem Versuch zog er einmal kreuzförmige Flugattrappen
am Himmel entlang. Darauf reagierte das Geflügel sehr
verängstigt und ging in Deckung, wenn der kurze Schenkel
vorn war. Zog der lange Schenkel voran, blickte es dagegen
aufgeregt und abflugbereit auf.

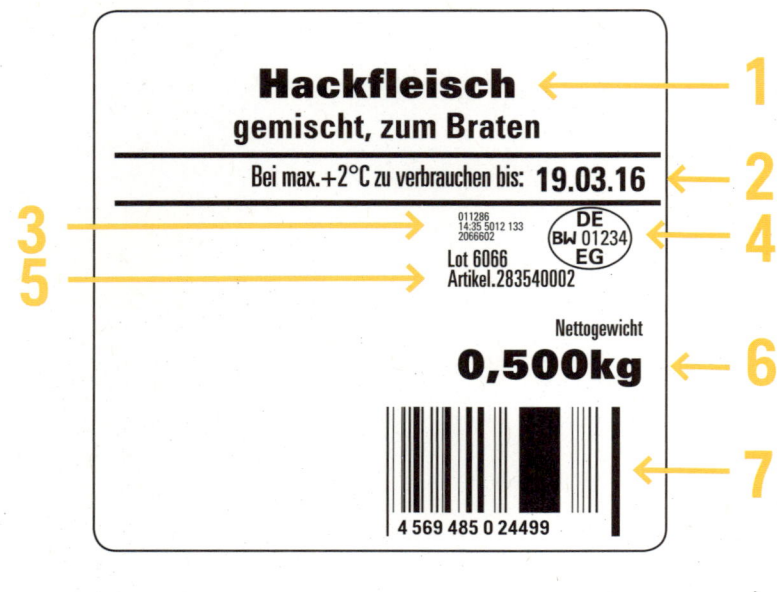

39

Hackfleisch
gemischt, zum Braten ← **1**

Bei max.+2°C zu verbrauchen bis: **19.03.16** ← **2**

3 → 011286
14:35 5012 133
2066602

DE
BW 01234
EG ← **4**

5 → Lot 6066
Artikel.283540002

Nettogewicht
0,500kg ← **6**

4 569 485 0 24499 ← **7**

Was steht drauf?

1 Verkehrsbezeichnung.

In einer Packung ist Fleisch von 150 Schweinen und 60 Rindern enthalten.

2 Verbrauchsdatum.

3 Rückverfolgungsnummer für jede einzelne Packung im Verarbeitungsbetrieb, mit Uhrzeit, wann die Ware verpackt und das Etikett aufgedruckt wurde.

4 Herstellerangabe, in welchem Land das Hackfleisch hergestellt wurde, und Zulassungsnummer des Verarbeitungsbetriebs. (Ländercode Deutschland: DE)

5 Losnummer und Artikelnummer. Über die Losnummer kann man alle anderen Hackfleischpackungen auffinden, die zusammen mit dieser hergestellt wurden. Praktisch für Rückrufaktionen bei Lebensmitteln, wenn mal was mit ihnen nicht stimmt. Mit der Artikelnummer wird jede einzelne Packung im Einzelhandel erfasst.

6 Mengenangabe, wie viel die Packung enthält.

7 Barcode.

Und auf der Rückseite steht, wo die Tiere aufgezogen und geschlachtet wurden.

Hackfleisch
gemischt, zum Braten

Bei max.+2°C zu verbrauchen bis: **19.03.16**

011286
14:35 5012 133
2066602

Lot 6066
Artikel.283540002

DE
BW 01234
EG

Nettogewicht
0,500kg

4 569 485 0 84499

Was steht nicht drauf?

Aus wie vielen Tieren setzt sich das Hackfleisch zusammen?

Welche Medikamente bekamen die Tiere?

Wie viel Platz hatten die Tiere, und gab es frische Luft?

Hatten die Tiere Tageslicht?

Mit welchem Futter wurden die Tiere gefüttert?

Welche Transportwege haben die Tiere hinter sich?

Wo wurden die Tiere gehalten – standen sie auf der Wiese oder im Stall?

War den Tieren langweilig, durften sie wühlen, suhlen und spielen?

Mit wie vielen Artgenossen wurde das Tier in einer Gruppe gehalten?

Wie alt wurden die Tiere?

Hatten die Kühe Hörner und die Schweine Ringelschwänze?

Waren die Tiere gestresst oder hatten sie Angst?

40

WAS VERDIENT DER BAUER AM SCHWEIN?

Ausgaben bis zur Schlachtreife & Gewinn. Ein Beispiel.

Ferkel

Von irgendwas muss der Bauer seinen Kindern die Schulhefte bezahlen.

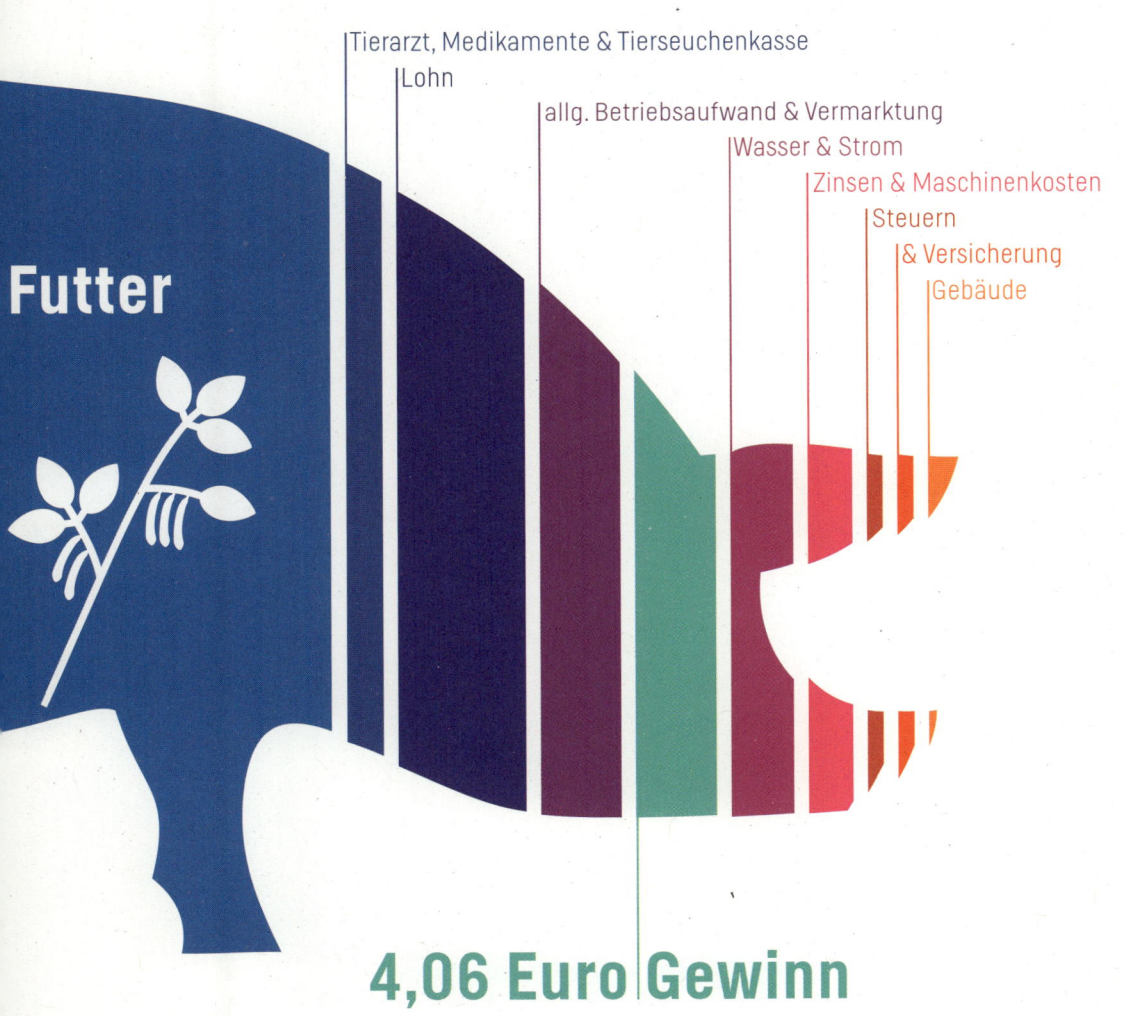

Futter

Tierarzt, Medikamente & Tierseuchenkasse
Lohn
allg. Betriebsaufwand & Vermarktung
Wasser & Strom
Zinsen & Maschinenkosten
Steuern
& Versicherung
Gebäude

4,06 Euro Gewinn

41

Einzelbett

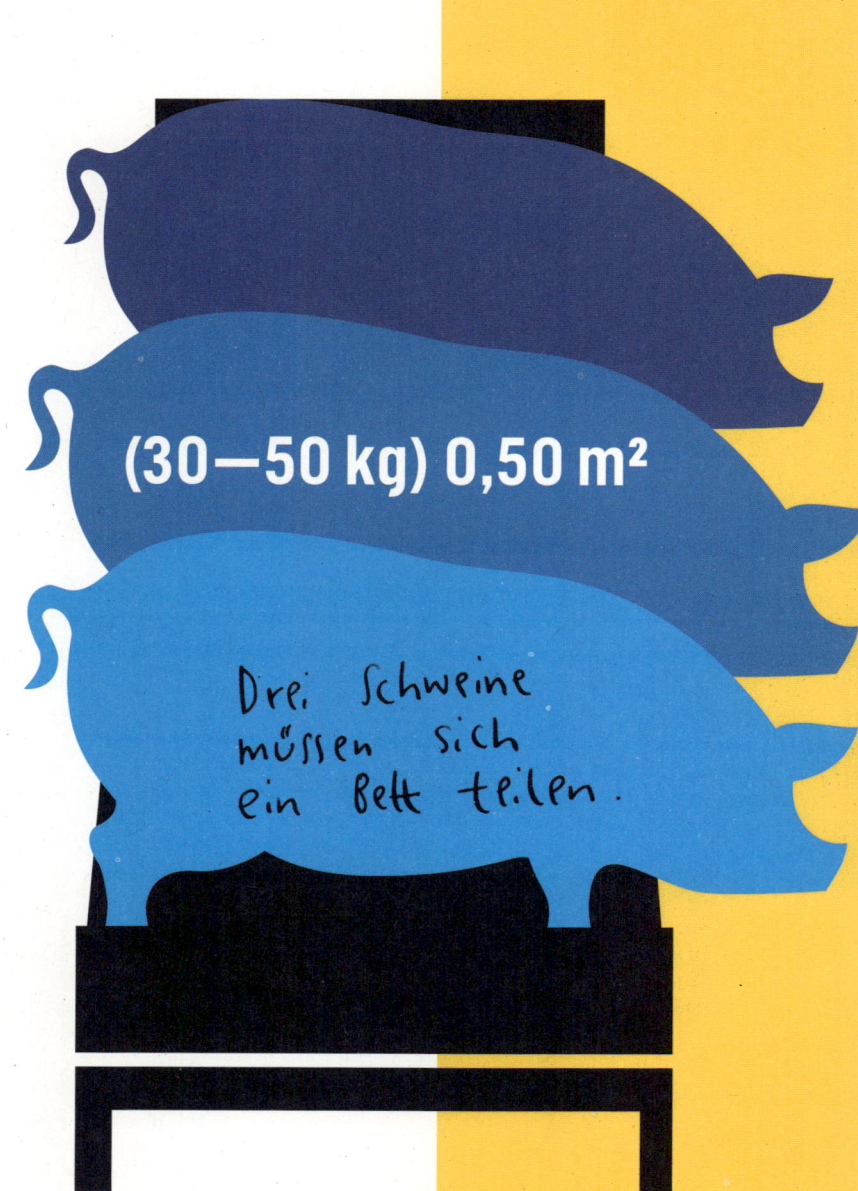

(30—50 kg) 0,50 m²

Drei Schweine müssen sich ein Bett teilen.

0,04 m²

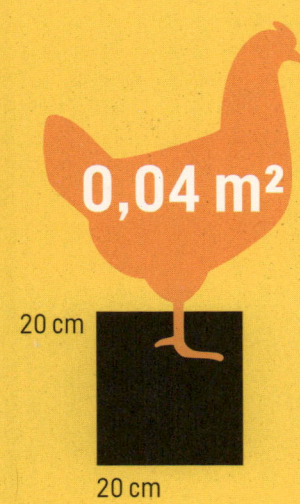

0,04 m²

20 cm

20 cm

Das Huhn hat so viel Platz wie diese gelbe Fläche hier!

20 cm

1 cm

konventionelle Fleischproduktion

Die Umwelt stellt keine Rechnung.

Schattenkosten

werden die Kosten genannt, die sich nur schwer berechnen lassen. Es geht um menschliche Gesundheit, veränderte Landschaftbilder, Geruchsbelästigungen, Verlust von Artenvielfalt.

Wirkliche Kosten

sind die Produktionskosten plus Umweltkosten: Treibhauseffekt, Belastung der Umwelt durch Ammoniak-Emissionen, Stickstoff, Phosphor und Pflanzenschutzmittel.

Produktionskosten

für den Landwirt

ökologische
Fleischproduktion

43

Bauern werden in der EU und auch in Amerika mit Geld unterstützt. Das ist schon seit Jahrzehnten so, und diese Gelder heißen Subventionen. Eigentlich werden sie pro Hektar gezahlt, die bewirtschaftet werden.

Die Fleischherstellung profitiert davon in unterschiedlichen Bereichen: einmal bei den Futtermitteln, die billiger werden, wenn ein großflächiger Anbau durch Zuschüsse gefördert wird. Zum anderen gibt es eine Stallbauförderung. Wenn ein Landwirt sich vergrößern möchte, kann er dafür öffentliche Hilfsgelder beantragen. Allein 2008 und 2009 flossen große Summen in den Bau von Geflügel- und Schweineställen. Es waren durchschnittlich rund 83 Millionen Euro.

Mit solchen Subventionen will der Staat den Landwirten unter die Arme greifen. Doch der Löwenanteil aller Fördergelder ging lange an richtig große Betriebe. Das führte zu Streit: Einige Leute meinten, man sollte doch besser die kleinen und mittleren Bauernhöfe unterstützen, wenn diese ökologisch und tiergerecht arbeiten.

Subvention bedeutet:
mit Geld fördern,
was man wichtig findet.

44

Spaghetti

Curryhuhn

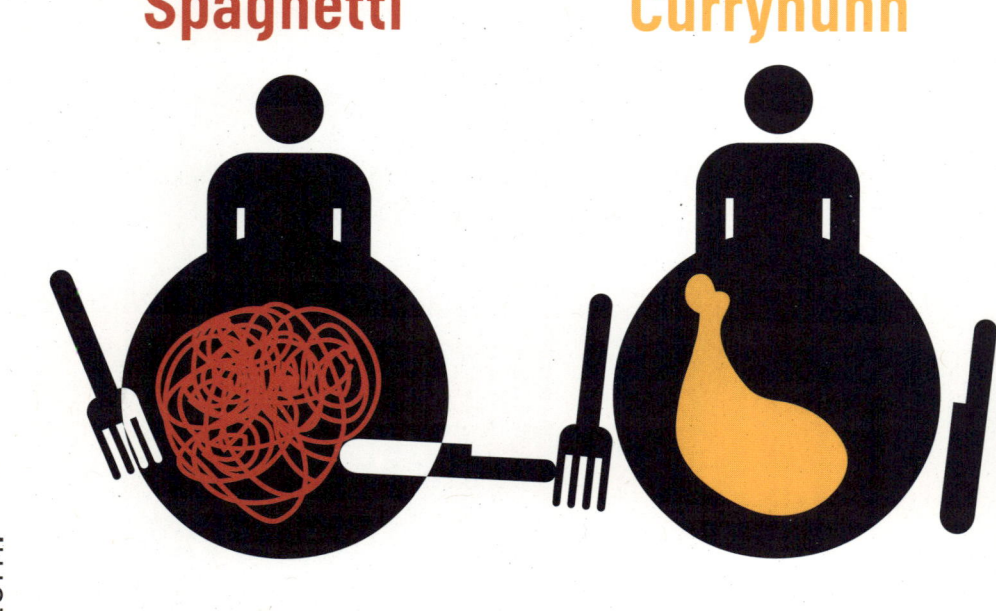

WIE VIEL LAND IST IN MEINEM ESSEN?

Eine Portion pro Person. In Quadratmetern.

0,46 m²

1,36 m²

Bratwurst

Hamburger

Ein Doppelbett Land braucht es für den Hamburger, der in ein Brötchen passt.

2,26 m²

3,61 m²

1 m²

WO KOMMT DAS FUTTER FÜR DIE TIERE HER?

Soja-Importe. In die EU und nach Deutschland.

Stell dir vor, ich würde in deinem Vorgarten das Heu für meine Kühe anbauen.

Obwohl die Kuh im Stall und nie auf der Weide steht, braucht sie viel Land, um satt zu werden. Früher fraß sie Gras und Heu – heute ist es Soja. Das Eiweiß in der Pflanze ist ein Kraftspender, der Hühner, Schweine und Rinder schnell zunehmen lässt. Für so viel Soja, wie die Tiere brauchen, gibt es in Deutschland keinen Platz. Deshalb sind die Tiere auf die Ernte aus anderen Ländern angewiesen. Würde man die Menge Soja, die in die EU fließt, hier selbst anbauen wollen, wäre dafür eine Riesenfläche – so groß wie 41% der Fläche Deutschlands – nötig. Und die Sojaernte für Deutschland belegt in Lateinamerika eine Fläche so groß wie Hessen.

46

WIE HOLT MAN GELD AUS BÄUMEN RAUS?

Eine Regenwaldfrage – Zeit, Kapital & Umsicht.

Stell dir vor, du hättest einen Freund, der irgendwo in dieser Welt Regenwald besäße. Was würde er machen, wenn du ihm richtig viel Geld dafür bieten würdest, Baum für Baum abzuholzen? Oder deine beste Freundin – wie würde sie sich entscheiden? Und du selbst?

Genau das ist das Problem für unsere Tropenwälder. Geld ist ein verdammt starkes Argument dafür, dass wir manche Dinge tun und andere lassen. In Brasilien gibt es einen Mann, der eine lange Geschichte davon erzählen kann. Er heißt Salgado und war früher einmal Rinderzüchter. Anfangs waren es nicht viele Tiere, die er schlachtreif zog – doch dann wurden es mehr und mehr. Bis schließlich die Farm, die mitten im brasilianischen Urwald lag, an ihre Grenzen stieß. Salgado musste sich entscheiden: Sein Land war groß, verschwand aber damals noch zur Hälfte unter ganz viel Tropengrün und hohen Bäumen, die hier seit Jahrhunderten wurzelten. Jetzt abholzen?

Sicher war ihm der Wald nicht schnuppe. Doch der Rancher hatte triftige Gründe, keinen Moment zu zögern. Mit seinem Rindfleisch war viel Geld zu verdienen, und Salgado sah ein, dass er ein Esel wäre, wenn er darum einen Bogen machte. Dazu kam noch, dass die Familie ja so groß war – immerhin acht Kinder lebten in ihr. Und wollte man diese alle bestmöglich fördern, konnte das richtig kostspielig werden. Was gab es da nicht alles zu finanzieren!

Kleidung. Essen. Gute Schulen. Teure Ausbildung. Sprachenlernen. Reisen hierhin oder dorthin. Womöglich ein Studium für ein, zwei, drei oder noch mehr Kinder?

Nein, Salgado fackelte nicht lange. Er setzte die Kettensäge an und rodete den Wald, um ganz viel Platz für seine wachsende Rinderherde zu gewinnen. Die Rechnung ging erstmal auf, die Familie wurde vermögend, und die Kinder fanden sicher in ihr Leben hinaus. Eines davon – der einzige Sohn – wurde sogar ein weltberühmter Fotograf. Er lebt heute in Paris und heißt Sebastião Salgado. Hast du von ihm schon mal gehört oder seine Bilder gesehen?

Man könnte diese Geschichte, die bei Dschungellicht beginnt und ins Rampenlicht berühmter Namen führt, hier mit einem schönen Happy End abschließen: Alle glücklich und zufrieden! Doch so war es leider nicht. Denn es gibt etwas, was der alte Salgado nicht bedachte. Er folgte dem Argument des Geldes, als er sich vornahm, aus seinem Boden alles herauszuholen. Doch am Ende verlor er dabei das Kostbarste! Er zerstörte nämlich sein Land heillos. Es dauerte nicht lange und der Boden sah trocken und tot aus, nachdem die Bäume weg waren. Eine Wüste aus Sand, soweit man blicken konnte – ohne Grashalm, ohne Vögel oder andere wilde Tiere darauf. Nicht mal für Rinder gab es hier etwas zu holen.

Was der alte Salgado übersah: Manche Dinge haben einen Wert, der sich in Geld nicht messen lässt. Sauberes Wasser, fruchtbarer Boden und ein gesundes Klima sind entscheidend dafür, dass wir Nahrung auf diesem Planeten finden und ein gutes Leben haben. Es wäre nicht nur schlimm für die Natur, sondern auch für uns, wenn wir das nicht bedenken.

Ein paar Leute haben das bereits verstanden. Sebastião – Salgados Sohn – hat nämlich zusammen mit seiner Frau Leila ein großartiges Projekt in Brasilien initiiert. Die beiden haben begonnen, auf der alten Ranch des Vaters ganze 2,5 Millionen Bäume – von 200 Baumarten – neu zu pflanzen. Eine Arbeit, die zunächst mühsam verlief, weil viele Jungpflanzen immer wieder eingingen. Doch von Jahr zu Jahr verloren Sebastião und Leila weniger Setzlinge, inzwischen ist sogar ein riesiger Nationalpark genau dort entstanden, wo früher der Regenwald bereits auf 0,5 % seiner eigentlichen Fläche reduziert war.

Leila und Sebastião gründeten hier auch ihr einzigartiges Instituto Terra – ein Ort, an dem Leute darin geschult werden, den Regenwald zu erhalten. Es kommen Experten und Farmer aus der Region und von überall zusammen, und selbst für Schulkinder und Lehrer gibt es einige Programme. Sind Leila und Sebastião nicht wirklich schlau?

Die beiden wollen ihren Kindern – sie haben zwei – eine heile Umwelt vererben. Noch lieber als Besitz und Wohlstand, die ja auch nicht garantieren können, dass ihre Zukunft eine sorgenfreie wird.

47

WIE FUNKTIONIERT DER REGENWALD?

Wasserkreislauf über der Erde & Erosion.

Der Boden im Regenwald ist überhaupt nicht so fruchtbar, wie man denkt. Weil es in den Tropen so heiß ist, wird das ganze abfallende Laub sehr schnell zersetzt. Die freiwerdenden Nährstoffe werden sofort wieder von Bäumen und Pflanzen aufgenommen, anstatt tief in den Boden zu gelangen. Auch das Wasser zirkuliert – zu erheblichen Teilen – über dem Boden. Wenn es regnet, wird die Nässe in den Baumkronen gefangen gehalten.

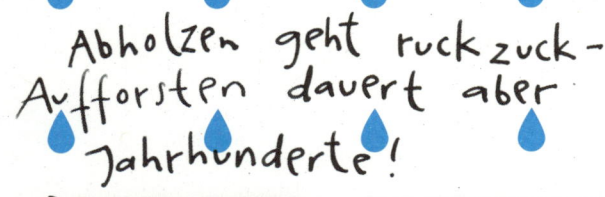

Abholzen geht ruck zuck —
Aufforsten dauert aber
Jahrhunderte!

Für Ackerbau und Viehzucht eignet sich dieser Boden nicht. Ist der Wald weg, fehlen die Wurzeln und Bäume, die den Boden vor starkem Regen schützen.

Ohne sie wird die dünne, fruchtbare Bodenkrume beim nächsten Sturzregen einfach weggespült.

48

WARUM ÜBERLEBT SOJA PFLANZENGIFT?

Genetisch verändertes Soja reagiert nicht.

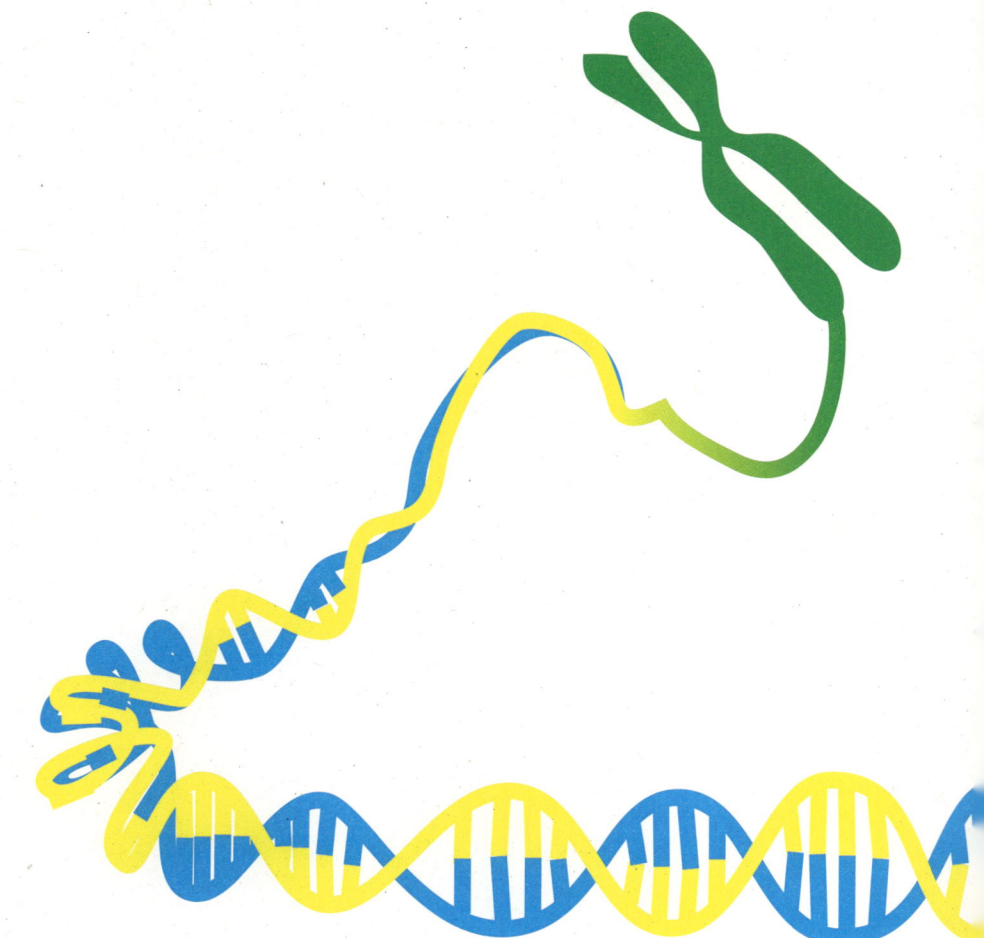

Seit über 30 Jahren wird auf den Feldern weltweit ein Pflanzengift verspritzt, das immer beliebter wird. Es geht um Glyphosat. Gelangt eine Pflanze damit in Berührung, stirbt sie ab – es sei denn, sie wurde zuvor künstlich vor der Wirkung geschützt, wie beispielsweise transgenes Soja.

In die herkömmliche Sojapflanze wurde im Labor ein neues Gen eingebaut – das Material dafür lieferte ein Bodenbakterium. Weil dieses bereits eine natürliche Immunität gegen das Pflanzengift Glyphosat besitzt, hat sich diese Eigenschaft nun auf die Pflanze übertragen. In genveränderter Form kann sie den Kontakt mit Glyphosat problemlos überleben.

Auseinander-
schneiden und
zusammenbauen -
klingt ganz
einfach -
wie Lego.

Bakterium

Das Gift dringt normalerweise über die Blätter ein und zerstört den Stoffkreislauf von Pflanzen. Hier wird ein Enzym blockiert, das für Wachstum sorgt – wenn das Enzym nicht mehr weiterarbeiten kann, geht jede Pflanze schnell ein.

Bei transgenem Soja passiert das aber nicht. Das eingeschleuste Gen kann den Stoffwechselkollaps überbrücken, weil es ein Enzym produziert, das genauso wie das ursprüngliche Enzym arbeitet, das vom Gift ausgeschaltet wird. Mit anderen Worten: Das Soja kann einfach weiter wachsen.

49

WIE SIEHT EIN SOJA-FELD AUS?

Glyphosat & seine Wirkung.

mit Glyphosat / Pflanzenvernichtungsmittel

Diese Felder sind ganz still.

Um möglichst viel zu ernten, sollen die Soja-Felder frei von Unkräutern sein. Die Plantagen sind aber zu groß, um das Unkraut mit der Hand oder mit Maschinen auszurupfen. Deshalb wird Glyphosat gespritzt, es tötet alle Pflanzen, die auf dem Feld wachsen – außer der gentechnisch veränderten Soja-Pflanze.

50

WIE SCHADET GLYPHOSAT DEM MENSCHEN?

Zusammenhang Gift & Krankheit. In Deutschland & Argentinien.

Wenn Glyphosat gespritzt wurde, landet es auch im Tampon.

Verdächtig viele Menschen sind in Argentinien krank geworden, seit dort immer mehr Flugzeuge über die Felder fliegen und Glyphosat versprühen. Weil das so großflächig geschieht und noch dazu der Wind das Gift in die umliegenden Dörfer weht, sind gesundheitliche Probleme bei den Menschen, die dort leben, zu beobachten: Sie haben mit Atemwegs- und Hautbeschwerden zu tun, es treten verstärkt Krebsfälle auf, und die Zahl an Fehlgeburten ist gestiegen. Auffallend viele Kinder kommen mit Behinderungen und schweren Organschäden zur Welt. Weil das anderswo nicht so häufig passiert, geriet der Einsatz von Glyphosat in Verdacht, dafür verantwortlich zu sein. Bei uns wird das Mittel nicht so großflächig eingesetzt, doch es finden sich Spuren davon auch in unserem Essen. Ob das gefährlich ist oder

Glyphosat Kennzeichnung:

nicht – darüber wird gestritten. So wurden Rückstände des Pestizids in Brot, Mehl und Haferflocken gefunden, ebenso in Fleisch (weil wir unsere Tiere mit gentechnisch verändertem Soja füttern). Doch es kommt auf die Menge an, und solange zulässige Grenzwerte nicht überschritten werden, ist es erlaubt. Bisher wurde nicht ausreichend erforscht, wie schädlich Glyphosat wirklich ist. In Tierversuchen fand man heraus, dass das Pestizid zumindest bei Tieren Krebs auslösen kann. Die Weltgesundheitsorganisation (WHO) hat Glyphosat inzwischen als „wahrscheinlich krebserregend" auch für Menschen eingestuft. Andere schätzen das nicht so ein. Am Ende weiß man noch zu wenig darüber, wie sich das Gift in geringen Dosen über lange Dauer auswirkt und ob es zu Wechselwirkungen mit anderen Stoffen kommen kann.

51

3.288 l pro 1 kg **Schweinefleisch**

WIE VIEL WASSER STECKT IN MEINER NAHRUNG?

In Deutschland produzierte Lebensmittel.

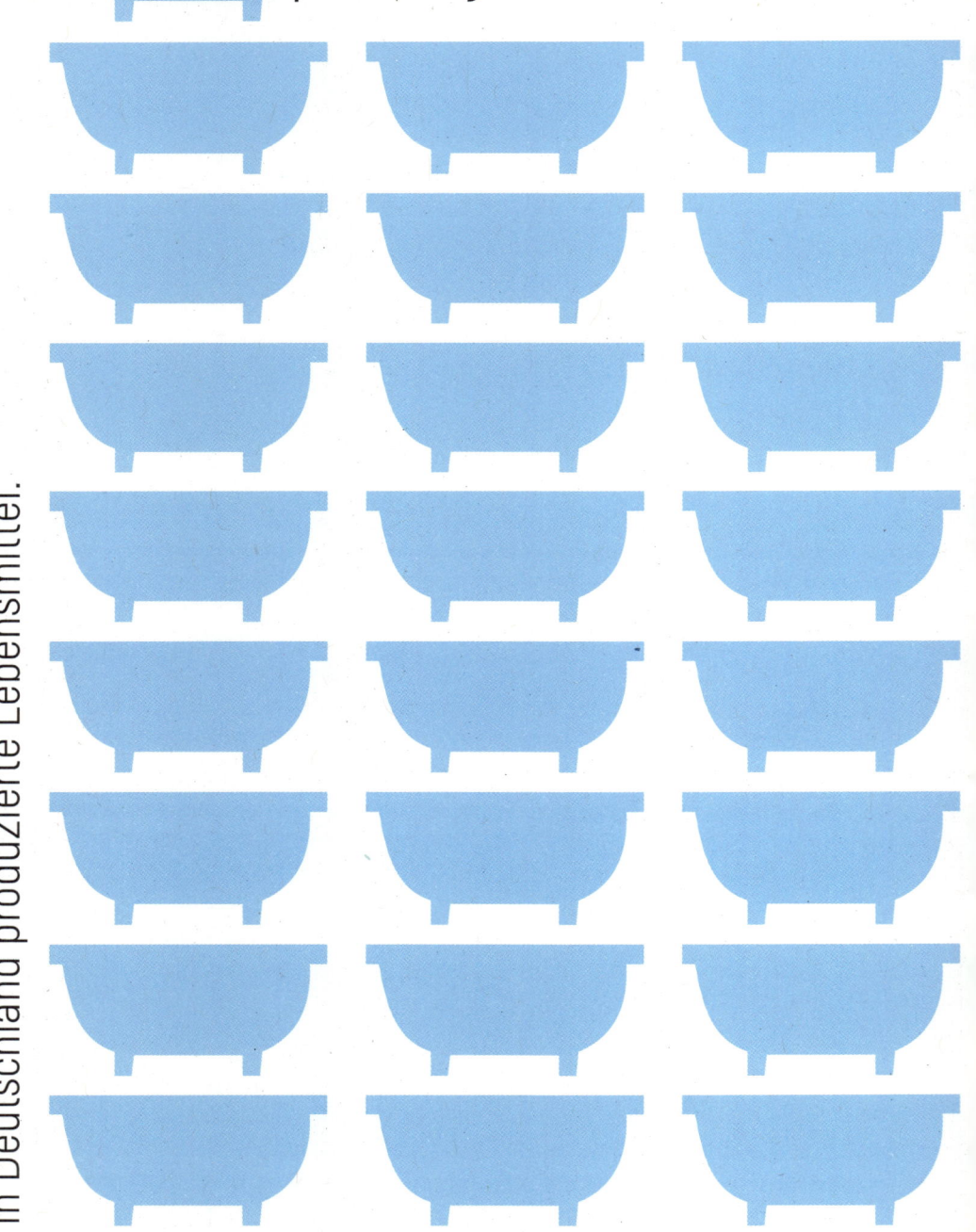

280 l pro 1 kg **Äpfel**

Um 1 kg Schnitzel herzustellen, braucht es umgerechnet etwa 24 Badewannen voll Wasser.

788 l pro 1 kg **Weizen**

Wenn die Kuh im Stall steht, muss sie aufwendig versorgt werden.
Auf der Weide regelt sich fast alles von selbst.

Gülle

WAS MACHT FLEISCH MIT DEM KLIMA?

CO₂-Belastung durch Intensivtierhaltung.

Energie

Ställe müssen beheizt und beleuchtet werden. Dafür verbrauchen wir Energie. Diese kann klimafreundlich oder klimaschädlich hergestellt sein, also Ökostrom oder nicht.

Transport

Transporte mit LKW führen zu Abgasen, die auch das Klima belasten.

Methan

Kühe scheiden Methan aus. Das ist 25-mal schädlicher als CO₂.

Boden

Der Boden ist der wichtigste Kohlenstoff-Speicher. Wenn Futter gebraucht wird, wird Weide zu Ackerland umgewandelt. Dabei entweicht Kohlenstoff als CO_2 in die Luft.

Lachgas klingt lustig, ist aber eine ernste Gefahr für das Klima.

Lachgas

Dünger bewirkt, dass die Pflanzen schneller wachsen. Besonders bei nicht sorgfältigem Einsatz entwickelt sich Lachgas, das 350-mal schädlicher ist als CO_2.

Regenwald

Es heißt, der Regenwald sei die Lunge der Welt. Er verwandelt durch Photosynthese CO_2 in Sauerstoff. Je mehr Regenwald für Futteranbau und Rinderweiden abgeholzt wird, desto weniger CO_2 wird abgebaut.

54

WIESO LANDEN UNSERE GEFLÜGELRESTE IN AFRIKA?

EU-Exporte von Geflügelfleisch auf afrikanische Märkte.

Ghana

Fast niemand kauft in Deutschland noch ein ganzes Huhn, weil wir am liebsten nur das Brustfilet essen – die anderen Teile vom Hühnchen will kaum jemand haben.

Dadurch hat unsere Fleischindustrie ein echtes Problem bekommen: Sie stellt große Mengen an frischem Geflügel her – doch die Brust allein kann man nicht produzieren. Was aber soll mit dem Rest vom Tier passieren, den Schenkeln, Flügeln und Hälsen, die in Deutschland und der EU niemand will? Der Export nach Afrika scheint hier die Lösung:

Das unverkäufliche Fleisch wird weitergereicht, nahezu kostenlos an Händler vergeben, die es nach Ghana oder Kamerun oder anderswohin verschiffen. Dort kommt es dann auf den Markt, sehr billig, was so nur möglich ist, weil allein der Transport- und Tiefkühlweg jetzt noch den Preis bestimmen. Die Produktionskosten aber fallen weg. Das Huhn hat sich ja bereits durch den Verkauf von Brust bei uns rentiert.

Für die afrikanischen Bauern ist das gar nicht gut. Sie müssen beim Verkauf ihrer Hühner die Produktionskosten einrechnen. Und wenn das deutsche Billigfleisch daneben nur gut die Hälfte kostet, gehen sie pleite, weil viele Menschen, die wenig Geld haben, lieber das billige Fleisch kaufen.

Heute werden 7-mal so viele Hühnerreste nach Afrika verschifft wie noch vor 5 Jahren.

55

WIE KANN EIN HUHN EINE SPARKASSE SEIN?

Hühner sind wichtige Geldanlagen für Frauen in Afrika.

In vielen Regionen in Afrika haben die Menschen noch vor Augen, wie ein Huhn lebt, bevor es in den Kochtopf wandert. Wenn man dort in die Hinterhöfe schaut, kann man vielerorts frei flatternde Hühner in kleinerer Schar entdecken. In der südlichen Hälfte Afrikas halten ganze 85 % aller Haushalte bis heute Hühner. Und was noch erstaunlicher ist: 70 % dieser Tiere gehören Frauen.

Das ist eine wichtige Tatsache, denn noch heute dürfen Frauen in vielen Ländern der Welt nicht unbedingt selbst etwas besitzen. Sie arbeiten zwar hart auf den Feldern, doch das Land gehört den Männern: ihren Ehemännern, Vätern und Brüdern. Auch wenn es um die Frage geht, wofür gemeinsames Einkommen in einer Familie ausgegeben wird, können Frauen dort nur begrenzt mitreden.

Genau hier öffnet eine eigene winzige Hühnerwirtschaft eine Hintertür: Durch sie können sich auch Frauen ein paar ureigene „Cents" erwirtschaften, über die sie dann frei verfügen.

Die Sozialforscherin Tilder Kumichi, die aus Kamerun kommt, hat sich umgehört, was mit den Ersparnissen passiert. Viele Frauen erklärten ihr, sie kauften Schulhefte für die Kinder, schafften Medikamente an oder sparten das Geld für den Notfall auf. Du siehst: Ein lebendiges Huhn zu haben, kommt ein bisschen der Eröffnung eines Sparkontos gleich. Beides wirft Geld ab, ohne dass man viel dafür tun muss. Die Tiere legen Eier, die man verkaufen kann, entweder an die Nachbarin oder auf einem Markt. Manchmal wird auch das Geflügelfleisch selbst in bares Geld verwandelt, eher selten landet es daheim im eigenen Topf – das können sich viele gar nicht leisten. Es sei denn, ein besonderes Fest steht an oder das Tier ist schon alt. Sprich: Wenn ein Huhn nicht mehr legetüchtig ist und sich seine Haltung kaum mehr lohnt, wird es meist geschlachtet, durchaus auch mal für den Eigenbedarf.

56

WARUM HUNGERN MENSCHEN?

Verteilung. Verbrauch. Produktion von Lebensmitteln.

Heute leben 7 Milliarden Menschen auf der Welt, und es wird weltweit genug Essen erzeugt, um alle satt zu machen. Doch trotzdem leiden 800 Millionen Menschen an Hunger – das ist fast jeder siebte Mensch. Weitere 2 Milliarden sind mangelernährt.

Wenn ein Mensch nicht genug zu essen hat, um sein Körpergewicht zu halten und seine Arbeit zu bewältigen, spricht man von Hunger. Wenn er zwar satt wird und genug Kalorien bekommt, es dem Essen aber an Vitaminen, Mineralstoffen oder wichtigen Fettsäuren fehlt, wird er mangelernährt. Das kann passieren, wenn man jeden Tag das Gleiche essen muss – zum Beispiel nur Reis, ohne Gemüse oder Obst. Das ist auf Dauer gefährlich, weil es schwächt und anfällig für Krankheiten macht.

Viele Menschen sind zu arm, um sich Nahrungsmittel zu kaufen, oder haben kein Land, um selbst etwas anzubauen. Deshalb geraten sie in Not. Am stärksten von Hunger betroffen sind Kinder, Frauen und Alte – sowie Kleinbauern. Über 70 %

steht für 1 Milliarde Menschen

Die meisten Menschen, die hungern, sind Bauern.

steht für Lebensmittel für 5 Milliarden Menschen

aller Hungernden leben auf dem Land. Doch meist sind ihre Felder so klein, dass sie nicht genug Essen das ganze Jahr hindurch für sich herstellen können.

Wenn wir mehr Fleisch essen wollen, wird der Hunger weltweit verschärft. Mehr Tiere und mehr Viehfutter werden dann benötigt, und immer mehr Ernten decken nicht direkt den Kalorienbedarf von Menschen, sondern landen im Maul von Tieren. Das kurbelt die Nachfrage nach knapper werdenden Ernteerträgen und Ackerflächen an und macht unsere Lebensmittel teurer – am Ende tut das insbesondere denjenigen weh, die jetzt schon ganz viel Geld von ihrem Einkommen, manchmal bis zu 50 %, dafür ausgeben müssen, sich zu ernähren.

Um Hunger zu bekämpfen, müssen die Menschen, die heute hungern, entweder mehr Land haben, um ausreichend Essen zu produzieren, oder ein sicheres Einkommen, um es sich zu kaufen.

57

WIE WERDEN TIERE ANDERSWO GEHALTEN?

Bei Nomaden. Gemischte Tierherden. Karge Vegetation nutzen.

In vielen Teilen der Welt ist die Natur nicht für Ackerbau geeignet. Es ist zu trocken, zu bergig oder zu karg. Dann sind Tiere die einzige Art, wie das Land genutzt werden kann, und häufig auch die einzige Einkommensquelle für die Menschen, die dort leben.

Deshalb sind Nomaden auf ihre Viehherden angewiesen. Sie ziehen durch Savannen und Steppen und leben in Wüstenrandgebieten und Bergen, in denen nicht viel wächst. Doch Ziegen oder Rinder, Kamele, Rentiere kommen mit dieser spärlichen Vegetation gut klar – wenn man sie hier weiden lässt, entstehen nützliche Kalorien für Menschen, und zwar in Form von Milch, Fleisch, Blut und Innereien. Nomaden nutzen immer alles vom Tier –

Tiertritt,
Tierdung,
Tiermilch –
ist für alle gut.

auch die Felle, Wolle und Häute. Sie kämen nie auf die Idee, nur die Filetstücke zu essen.

Die Hirten leben eng mit ihren Tieren verbunden, kennen ihre Bedürfnisse gut und tun mit ihrer Lebensweise sogar dem Boden einen großen Gefallen. Dieser wird nicht ausgelaugt, weil die Tiere immer nur kurz an einem Ort weiden, dort viel Dung hinterlassen und mit ihren Hufen trockene Erdkrusten so aufbrechen, dass Regen eindringen kann. Der Boden wird also fruchtbar und luftig gehalten und das Graswachstum angeregt. Und der Tierdung ist für vieles gut – er dient auch als Brennmaterial, um Feuer zu machen, und wird, mit Lehm vermengt, gern beim Hüttenbau eingesetzt.

58

Sind Schweine eigentlich schwindelfrei? Vor Jahren einmal schlugen niederländische Architekten vor, doch Wolkenkratzer zu bauen, um darin Schweine zu mästen. Das Projekt sollte mitten in der Hafenstadt von Rotterdam starten. Einige Leute schimpften darüber und fanden den Plan ziemlich blöd. Dabei sahen die neuen Hochhausfarmen wirklich „saugemütlich" aus:

In jedem Skyscraper sollte es für die Schweine richtig viel Stroh geben, um darin zu wühlen, und viel mehr Stallplatz als üblich. Sogar Balkone waren vorgesehen – zum Frischluftschnappen. Unten drin sollte jedes Gebäude einen eigenen Schlachthof bekommen. Damit wollten die Bauherren endlich vermeiden, dass die Borstentiere unter langen, quälenden Transportstunden – quer durchs Land – auf ihren Schlacht-wegen litten. Vermutlich hätte ein Schwein erstmal ordentlich nach Luft geschnappt, wenn es davon Wind bekommen hätte.

Doch war dieser Plan überhaupt ernst gemeint? Schweine in der Stadt – sowas geht doch gar nicht!

Ursprünglich gehören die Tiere natürlich anderswo hin. Aber das heißt nicht, dass Städte und Schweine noch nie etwas mit-einander zu tun hatten.

Im Mittelalter lebten zum Beispiel in Frankfurt rund 1.200 Schweine, wobei die Stadt damals ca. 10.000 Einwohner zählte. In Ulm war schon früh vorgeschrieben, dass ein jeder Bürger nur noch 24 eigene Borstentiere vor der Tür haben durfte, um das Ganze einzudämmen. Berlin verbat sich 1685 die Schweinehaltung ganz und gar, während hundert Jahre später Hamburg noch immer gegen das tierische Gewusel in der Stadt ankämpfte.

Doch die Leute selbst waren glücklich, wenn sie ein Schwein um sich hatten. Meist wurde es in „Schweinebuchten" direkt am Haus gehalten und mit dem gefüttert, was übrig blieb. Schweine sind Allesfresser: Sie vertragen Speisereste aus der Küche und Gartenabfälle gut; gibt man ihnen Kartoffel-schalen, Wurzelgrün und Fleischreste, altes Brot oder sogar verdorbene Eier in den Trog, werden sie davon satt. Für die Menschen war das recht praktisch. So gewann man Fleisch aus unnützen Essensresten – und hatte zugleich ein Abfallproblem weniger am Hals.

Und heute? Haben wir die Müllabfuhr vor dem Haus und das Leben der Schweine gänzlich aus den Augen verloren. Zumindest in vielen Teilen Europas, denn nicht überall in der Welt ist es so: In Havanna gibt es heute sage und schreibe um die 63.000 Schweine – was in der Hauptstadt Kubas aber nur so gut klappt, weil dort die Tiere noch sehr ähnlich gehalten werden wie früher. Sie sind Teil einer urnützlichen und ökologischen Kreislaufwirtschaft. Denn in allen Ecken und Winkeln der Großstadt wurde begonnen, so viel Obst und Gemüse wie möglich anzubauen. Havanna kann sich inzwischen zu 50 % mit solchen Lebensmitteln selbst versorgen – sie wachsen auf Balkonen, auf begrünten Dächern und in tausenden von Stadtgärten, für die Havanna berühmt ist.

Im Grunde ist hier genau das passiert, was auch die Planer der Hochhaus-Schweinefarmen in Rotterdam im Sinn hatten: Es wurde die Herstellung von Essen zurück in die Stadt geholt. Allerdings geschah dies in Kuba zunächst aus der Not heraus. Weil man nach dem Zusammenbruch der Sowjetunion dort keinen starken Handelspartner mehr hatte, der die Dinge lieferte, die man brauchte, um große Felder und Monokulturen draußen auf dem Land zu bestellen. Maschinen, Ersatzteile, Benzin, Dünger und Transportwagen fehlten nun. Um eine drohende Ernährungskrise abzuwenden, wurde umgedacht und so nah dran am Verbraucher, wie es ging, das Essen erzeugt. Und das auch noch in Bio-Qualität, weil dabei weder Pestizide noch Kunstdünger eingesetzt werden.

Kein Wunder, dass an diesem nahrungsproduktiven Ort auch viel für die Schweine abfällt. Wer die Stadt besucht, wird vielleicht mal eines auf einem kubanischen Balkon entdecken. Doch das ist eine andere Geschichte als die geplante in Rotterdam. Denn diese hier lebt davon, dass Menschen jederzeit leicht an Früchte und Pflanzen, Gemüse und Kräuter herankommen. Statt an Fleisch – das mit viel Aufwand und Energie aus Tausenden von Schweinen gewonnen wurde, die weit in die Höhe gestapelt wurden.

59

Die Politik setzt Regeln. So, wie sie im Straßenverkehr sagt, wie schnell gefahren werden darf, regelt sie auch, wie Tiere gehalten und Fleisch produziert wird. Interessanterweise behandelt die Politik die Nutztiere anders als Haustiere. Es ist beispielsweise nicht erlaubt, einen Hund zu schlachten – aber ein Schwein schon.

Die Politik gestaltet alle möglichen Lebensbereiche der Tiere. Darum ist sie auch so wichtig. Sie sagt, welche Tiere wie gehalten werden dürfen, wie viel Platz die Tiere haben müssen, wie viele Medikamente sie bekommen und wie lange der Transport zum Schlachter dauern darf. Die Politik bestimmt auch, wie viel Geld die Bauern vom Staat bekommen und wofür sie unterstützt werden.

Politiker werden vom Volk gewählt.

Abhängig davon, welche Partei an der Regierung ist, ändert sich die Politik. Aber die Veränderungen sind häufig nicht so groß, denn viele Entscheidungen werden nicht nur in Deutschland, sondern gemeinsam mit den anderen EU-Ländern getroffen.

Trotzdem kann eine Regierung, sogar auf der Ebene der einzelnen Bundesländer, viel gestalten. So zahlt zum Beispiel die Landesregierung in Niedersachsen den Bauern eine Prämie dafür, wenn sie den Schweinen nicht die Ringelschwänze und den Hühnern nicht die Schnäbel abschneiden. Auch wenn die Bundesregierung das nicht übernimmt und überall in Deutschland einführt, kann so eine Politik gute Ideen für andere Bundesländer auf den Weg bringen.

60

Imker

Entwicklungs-organisationen

Umwelt-verbände

Tierrechtler

MeineLand

Inzwischen sterben weltweit viele Bienenvölker. Schuld daran ist der Verlust der Blütenvielfalt und der Einsatz von Pestiziden.

Eine gerechte Welt für alle. „Faire Preise" und einen anderen Welthandel, der niemandem schadet. Organisationen sind zum Beispiel Oxfam und kirchliche Hilfswerke .

Wasser, Boden und Artenreichtum schützen. Sie wollen den Klimawandel aufhalten.

Lehnen häufig die Nutztierhaltung ganz ab und sind für eine vegane Lebensweise. Sie stellen die Frage, ob wir Tiere überhaupt nutzen dürfen – im Zoo, im Stall oder als Haustiere.

Interessant, dass Imker gegen Massentierhaltung sind.

Bauern **Verbraucher** **Tierschützer**

wirtschaft

Sie wollen gerechtere Preise: Viele Bauern können bei Niedrigpreisen nicht überleben und wollen faire Preise für eine bessere Tierhaltung.

Viele Verbraucher blicken skeptisch auf ihre Teller. Sie denken an Rinderwahn, Vogelgrippe, Fleischskandale und Berichte, wie es in unseren Tierställen zugeht. Daraus ist auch die „Slow Food"-Bewegung entstanden. Sie steht für genussvolles, bewusstes und „langsames" Essen. Keinen Fast-Food-Konsum. Die Leute bevorzugen Produkte aus regionalem und ökologischem Anbau.

Sie sind für einen respektvollen Umgang mit den Tieren, der Nutztierhaltung nicht ausschließt, aber bessere Haltungsbedingungen fordert.

Eine Kampagne, die Stopp ruft! Dahinter steht ein breites Bündnis aus verschiedenen Organisationen, die gemeinsam zu Großprotesten aufrufen. Sie wollen eine soziale, umweltfreundliche Landwirtschaft, mehr bäuerliche Betriebe und weniger Macht von Konzernen.

WIE VIEL FLEISCH IST BIO?

In Deutschland. Anteilig je Tierart.

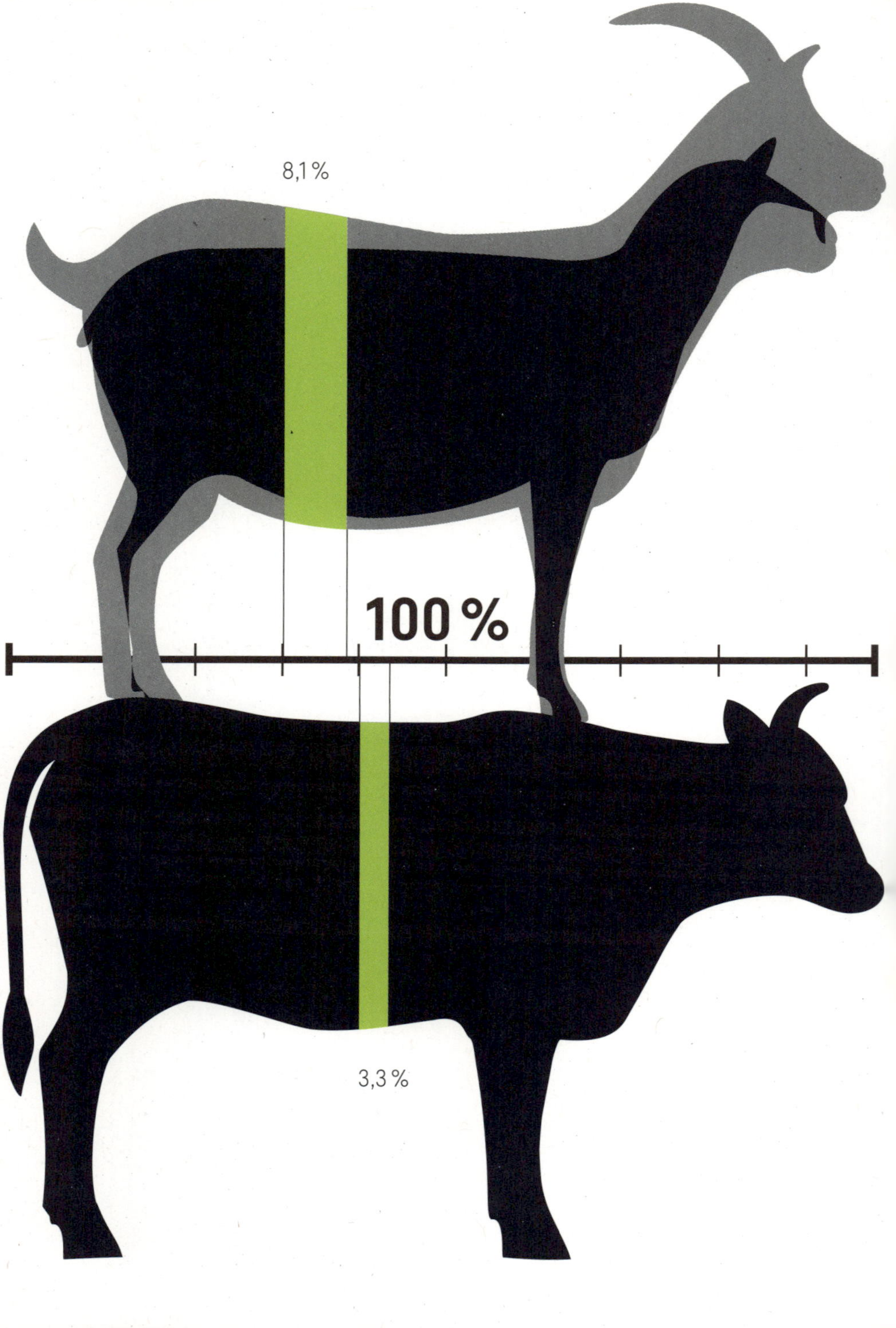

8,1 %

100 %

3,3 %

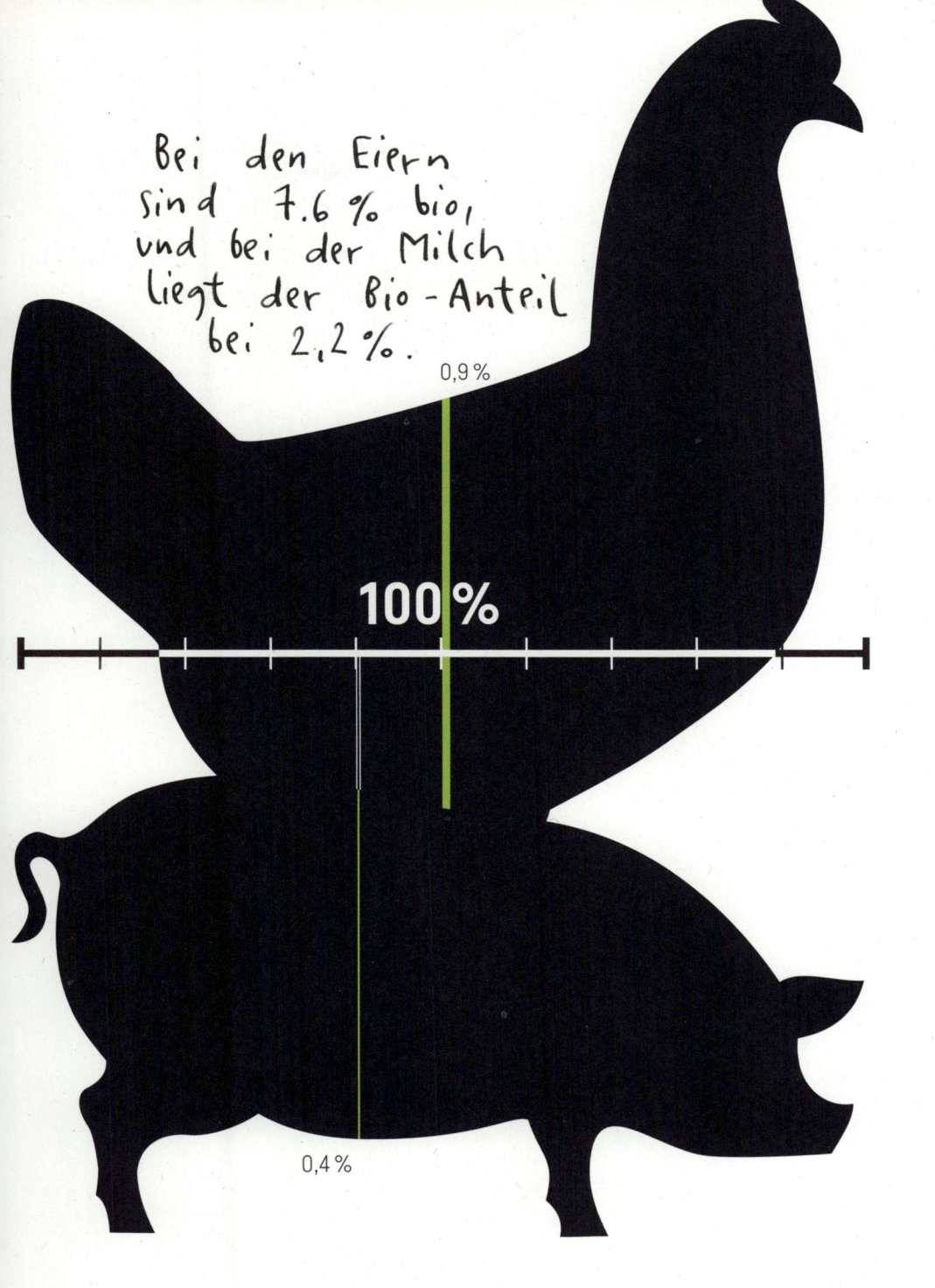

Bei den Eiern
sind 7.6 % bio,
und bei der Milch
liegt der Bio-Anteil
bei 2,2 %.

0,9 %

100 %

0,4 %

Die Höhe in mm entspricht 1 kg pro Kopf und Jahr: Also wird ein Südafrikaner 45,2 kg Geflügel essen.

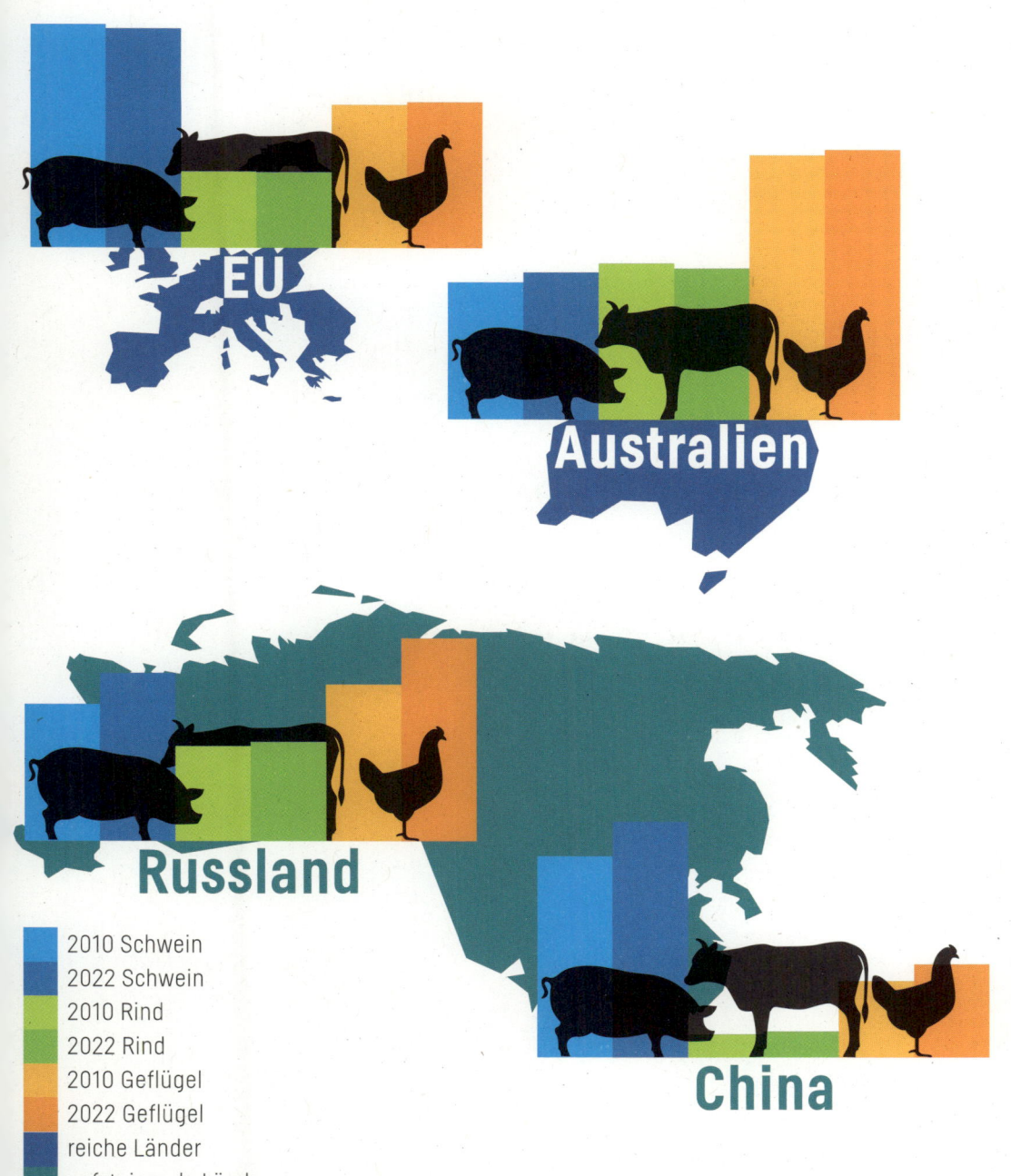

EU

Australien

Russland

China

2010 Schwein
2022 Schwein
2010 Rind
2022 Rind
2010 Geflügel
2022 Geflügel
reiche Länder
aufsteigende Länder

WELCHE BEZIEHUNGEN PFLEGT MEIN TELLER?

Beispielhafte Zusammenhänge weltweit mit meinem Essen.

Klimawandel

Eisschmelze durch Klimawandel in Grönland

Krankheiten durch Glyphosat in Argentinien

Abgeholzter Regenwald in Brasilien

Verdammt komplex
so ein Essen.

Arbeiter aus
Rumänien
Antibiotika-
Resistenzen in
Europa

Hunger in
Afrika

Zerstörte
Märkte in
Ghana

Reste
nach
Namibia

02 Verbrauch Jugendliche pro Woche: eigene Berechnungen 2016, nach Max Rubner-Institut, Nationale Verzehrstudie II, 2008. Max Rubner-Institut; Bundesforschungsinstitut für Ernährung und Lebensmittel, 2008. http://www.bmel.de/SharedDocs/Downloads/Ernaehrung/NVS_ErgebnisberichtTeil2.pdf?__blob=publicationFile. Empfohlene Fleischmenge wöchentlich für Jugendliche (15 bis 18 Jahre): Forschungsinstitut für Kinderernährung Dortmund 2007. http://www.vis.bayern.de/ernaehrung/ernaehrung/ernaehrung_allgemein/doc/kinderernaehrung_alter.pdf

03 Eigene Berechnungen 2016 nach Agrarmarkt Informationsgesellschaft, 2015 „Marktbilanz Vieh und Fleisch 2015".

04 Statistische Jahrbücher des Bundesministeriums für Ernährung und Landwirtschaft und ZMP Marktbilanz Vieh und Fleisch 2015. Angabe für 1970 bezieht sich auf Bundesrepublik, ab 1990 Zahlen für Gesamtdeutschland.

05 Verbrauch 1950: Statistisches Jahrbuch des Bundesministeriums für Ernährung und Landwirtschaft Wirtschaftsjahr 1950/51. http://www.bmelv-statistik.de/fileadmin/sites/010_Jahrbuch/Stat_Jb_1956.pdf Verzehr 1950: Statistisches Jahrbuch des Bundesministeriums für Ernährung und Landwirtschaft Wirtschaftsjahr 1950/51. http://www.fleischerhandwerk.de/cms/upload/pdf/GB2015_Fleischverzehr.pdf Verbrauch 2012: Statistisches Jahrbuch des Bundesministeriums für Ernährung und Landwirtschaft. http://berichte.bmel-statistik.de/SJT-4050700-0000.pdf Verzehr 2012: Statistisches Jahrbuch des Bundesministeriums für Ernährung und Landwirtschaft. http://berichte.bmel-statistik.de/SJT-4010900-2012.pdf

07 http://ndb.nal.usda.gov/ndb/foods/show/7114?fgcd=&manu=&lfacet=&format=&count=&max=35&offset=&sort=&qlookup=porterhouse

08 Nebenprodukte: Niemann, H. 2014: „Statistik der Verarbeitung tierischer Nebenprodukte 2013." Tierische Nebenprodukte Nachrichten (TNN) II/2014. Nummer II, Mai 2014, 66. Jahrgang, STR-Servicegesellschaft Tierische Nebenprodukte mbH, Bonn, ISSN 1437-949X Fleisch, das nach Einkauf im Hausmüll landet: WWF, 2012. „Tonnen für die Tonne". WWF Deutschland,

Berlin 2012. http://www.wwf.de/fileadmin/fm-wwf/Publikationen-PDF/studie_tonnen_fuer_die_tonne.pdf 60 %–40 % Split: Schweizer Lehrbuch für Metzger http://www.schweizerfleisch.ch

10 „Fleischatlas 2014 – Daten und Fakten über Tiere als Nahrungsmittel". Hrsg. v. Heinrich-Böll-Stiftung und dem Bund für Umwelt und Naturschutz, 2014, http://www.fleischatlas.de

11 Statistisches Bundesamt, Fachserie 3, Reihe 2.1.3, 2013. https://www.destatis.de/DE/Publikationen/Thematisch/LandForstwirtschaft/ViehbestandTierischeErzeugung/Viehhaltung2030213139004.pdf?__blob=publicationFile Geschlachtete Hühner vgl. Quelle 10

12 Vegetarierbund Deutschland (2015). VEBU: https://vebu.de/themen/lifestyle/anzahl-der-vegetarierinnen

13 Vgl. z.B. EU Öko-Basis Verordnung. https://www.bmel.de/SharedDocs/Downloads/Landwirtschaft/OekologischerLandbau/834_2007_EG_Oeko-Basis-VO.html EG-Bio-Verordnung, Bioland, Demeter-Richtlinien. http://www.vzfbdww.de/informationen/VergleichEGBiolandDemeter.pdf Informationen der Verbraucherzentrale Hamburg: http://www.vzhh.de/ernaehrung/313417/mangelware-tierschutz.aspx Antibiotika bei Neuland: http://www.neuland-fleisch.de/landwirte/allgemeine-richtlinien.html Interview mit dem Geschäftsführer des Neulandverbandes: http://www.oeko-fair.de/fragen_an/jochen-dettmer-geschaeftsfuehrer-des-neuland-verbandes-ueber-besseretierhaltung-und-agrarpolitik/%E2%80%9Eunsereschweine-muessen-auslauf-haben%E2%80%9C

14 „12. Ernährungsbericht 2012". Hrsg. v. der Deutschen Gesellschaft für Ernährung. Bonn 2012. https://www.dge.de/presse/pm/maenner-essen-anders/

15 FAOSTAT, 2013. http://faostat3.fao.org/download/Q/QL/E. Den Prozentzahlen liegen die Schlachtmengen in Tonnen zugrunde.

17 Fleischverbrauch: FAOSTAT, 2011, http://faostat3.fao.org/download/FB/CL/E Der wirkliche Verzehr von Fleisch liegt unter den hier angegebenen Daten, abhängig von Verlust und alternativer Nutzung. Brutto-Inlandsprodukt: Internationaler Währungsfonds zum Pro-Kopf-Brutto-Inlandsprodukt verschiedener Staaten. Quelle: https://en.wikipedia.org/wiki/List_of_countries_by_GDP_%28PPP%29_per_capita

18 USDA 2014. http://www.ers.usda.gov/data-products/food-expenditures.aspx Die Zahl für Äthiopien ist aus Worldbank 2010.

19 Vgl. u. a. Jonathan Safran Foer: „Tiere essen". Köln 2010, S. 125 ff., oder Manfred Kriener: „Hühner, wollt ihr ewig leben". In: Zeit-Online vom 27. März 2014. http://www.zeit.de/2014/14/gefluegelzucht-massentierhaltung

20 Vgl. Gen-ethisches-netzwerk, 2015. http://www.gen-ethisches-netzwerk.de/gid/182/gura/tierzucht-monopoly Alte Rassen in Deutschland: Bund Deutscher Rasse-geflügelzüchter e. V. (BDRG), Rassetafeln: https://www.bdrg.de/rassetafeln

21 Zahl der Bruderküken abgeleitet aus der Zahl der Legehennen: https://www.destatis.de/DE/Publikationen/Thematisch/LandForstwirtschaft/Viehbestand-TierischeErzeugung/Viehhaltung2030213139004.pdf?__blob=publicationFile

22 Vgl. Kuratorium für Technik und Bauwesen in der Landwirtschaft 2009: Faustzahlen für die Landwirtschaft, 14. Auflage, und Schierhold S.; Pieper, H. 2008: Leitfaden Geflügelhaltung, Land-wirtschaftskammer Niedersachsen, Oldenburg

23 Erstkalbealter, Abgangsalter, Milchmenge: http://www.milchwirtschaft.de/downloadcenter/dateien/Landwirte/ADR-Hintergrundinformationen-zur-Rinderzucht_130823.pdf Umrechnungsfaktor kg Milch in Liter: http://www.milcherzeugerverband-bayern.de/?redid=237592 Trockenstehdauer: https://de.wikipedia.org/wiki/Trockensteher

24 Vgl. Fleischatlas 2016, Heinrich-Böll-Stiftung, http://www.fleischatlas.de
Alter Sauen: http://www.tll.de/ainfo/pdf/ferk0808.pdf Ferkelschutzkorb-/Stallmaße: https://www.landwirt-schaftskammer.de/duesse/lehrschau/pdf/2010/2010-11-04-ferkel-1.pdf
Dauer im Kastenstand: http://www.laves.niedersachsen.de/portal/live.php?navigation_id=20137&article_id=73944&_psmand=

25 Zahlen zur abgegebenen Menge Antibiotika in Tonnen in der Tiermedizin 2012: http://www.bvl.bund.de/DE/08_PresseInfothek/01_FuerJournalisten/01_Presse_und_Hintergrundinformationen/05_Tierarzneimit-tel/2015/2015_07_28_pi_Antibiotikaabgabemenge2014.html Zahlen zur abgegebenen Menge Antibiotika in der Humanmedizin: GERMAP, 2012, S. 12-13. http://www.p-e-g.org/econtext/germap (Paul Ehrlich Gesellschaft, 2014).

26 Amt für Verbraucherschutz Landeshauptstadt Düsseldorf 2016. https://www.duesseldorf.de/verbraucherschutz/aktuell/aktuelles_1.shtml. Bundesamt für Verbraucherschutz 2016: Fleisch richtig lagern und verarbeiten. http://www.bvl.bund.de/DE/01_Lebensmittel/03_Verbrau-cher/03_UmgangLM/02_LMzubereiten/01_Fleisch/lm_zubereitung_fleisch_basepage.html?nn=1406950

27 Vgl. http://www.animals-angels.de Eigene Berechnungen nach: https://www.destatis.de/DE/ZahlenFakten/Wirtschaftsbereiche/LandForst-wirtschaftFischerei/TiereundtierischeErzeugung/Tabellen/AnzahlSchlachtungen.html

28 Vgl. z. B. http://www.schlachthof-transparent.org/pages/schlachtprozess/huehnerschlachtung.php

29 Vgl. z.B. http://www.schlachthof-transparent.org/pages/schlachtprozess/schweineschlachtung.php

30 Fleischatlas 2016 und Fleischatlas 2014, http://www.fleischatlas.de

31 Agrarmarkt Informations-Gesellschaft mbH 2015: Markt-Bilanz Vieh und Fleisch 2014

32 Zahl der Bruderküken: Eigene Berechnungen 2016 https://www.destatis.de/DE/Publikationen/Thematisch/LandForstwirtschaft/ViehbestandTierischeErzeugung/Viehhaltung2030213139004.pdf?__blob=publicationFile Tierverluste in der Produktion: Eigene Berechnungen 2016 nach https://www.ktbl.de/shop/produktkatalog/show/Product/19494/0d36629886c63c526e8941a25515cf63/ Tierverluste im Hausmüll: Fleischatlas Extra Abfall und Verschwendung. https://www.boell.de/sites/default/files/fleischatlas2014-extra.pdf

33 Fleischatlas 2016, S. 8 f. und Abb. 9. http://www.fleischatlas.de

35 Vgl. z. B. Melanie Joy 2013: „Warum wir Hunde lieben, Schweine essen und Kühe anziehen."

36 Vgl. z.B. Thomas Macho: „Schweine. Ein Portrait." Matthes & Seitz, Berlin 2015, und Kerstin Greiner: „Zurück zur Natur. Können Tiere aus der Massentierhaltung je wieder ein normales Leben führen? Ein Experiment mit 5 Schweinen". SZ-Magazin (Heft 42/2015). http://sz-magazin.sueddeutsche.de/texte/anzeigen/43711/Zur-Natur-zurueck

37 Vgl. z.B. Martin Ott 2011: „Kühe verstehen. Eine neue Partnerschaft beginnt." FONA Verlag

39 Fleischetikett: http://www.bvl.bund.de/DE/01_Lebensmittel/03_Verbraucher/02_KennzeichnungLM/06_Genusstauglichkeitskennzeichen/Genusstauglichkeitskennzeichen_node.html und https://www.was-wir-essen.de/abisz/schweinefleisch_einkauf_kennzeichnung_etikett.php

40 Eigene Berechnung, 2016. Vgl. Müller, J. 2014: Betriebswirtschaftliche Richtwerte Schweinemast, Thüringer Landesanstalt für Landwirtschaft. http://www.tll.de/ainfo/pdf/rw_swma.pdf Die Berechnung bezieht sich auf einen bestimmten genetischen Leistungstyp im Jahr 2014. Fall: frohwüchsige Schweine mit begrenztem Muskelfleischanteilen, (sehr) hoher Wachstumsintensität und sehr hoher Futteraufnahme.

41 Tierschutzverordnung zur Haltung von Nutztieren: http://www.gesetze-im-internet.de/tierschnutztv/BJNR275800001.html

42 Foodwatch e.V., 2004 „Was kostet ein Schnitzel wirklich?", S. 79 und 112. http://www.ioew.de/uploads/tx_ukioewdb/IOEW_SR_171_Was_kostet_ein_Schnitzel_wirklich.pdf Die Umweltkosten in den „wirklichen Kosten" beziehen sich ausschließlich auf die in dieser Studie bilanzierten und monetarisierten Umweltwirkungen. Dies sind: Treibhauseffekt, NH3-Emissionen, Stickstoff-, Phosphor- und Pflanzenschutzmittel-Einträge. Darüber hinaus existiert eine Reihe von Umweltwirkungen, wie Artenvielfalt und Bodenschutz, die in dieser Studie nicht monetär bewertet werden. Überwiegend besteht die begründete Vermutung, dass die konventionelle Schweineproduktion auch in diesen Wirkungskategorien größere Umweltschäden verursacht als die ökologische Produktionsweise. Beispielhaft seien die Wirkungskategorien Arten- und Biotopvielfalt oder Landschaftsbild genannt (vgl. z.B. Stolze, M.; Piorr, A.; Häring, A.; Dabbert, S. (2000): The environmental impacts of organic farming in Europe. Organic farming in Europe, Volume 6, University of Stuttgart-Hohenheim, Stuttgart). Die in dieser Studie ermittelten deutlichen Mehrkosten der konventionellen Schnitzelproduktion sind daher als Untergrenze zu betrachten. In der Realität werden sie tendenziell höher ausfallen.

43 BUND 2011, „Subventionen für die industrielle Fleischerzeugung in Deutschland". http://www.bund.net/fileadmin/bundnet/publikationen/landwirtschaft/20110800_landwirtschaft_studie_subventionen_massentierhaltung.pdf

44 WWF, 2011, Fleisch frisst Land". http://www.wwf.de/fileadmin/fm-wwf/Publikationen-PDF/WWF_Fleischkonsum_web.pdf S. 59-60

45 Forschungs- und Dokumentationszentrum Chile-Lateinamerika 2011. http://land-grabbing.de/triebkraefte/futtermittel/fallbeispiel-sojaproduktion-in-lateinamerika/ Und http://www.kritischer-agrarbericht.de/fileadmin/Daten-KAB/KAB-2011/Haeusling.pdf

46 Vgl. z.B. „Das stille Drama der Fotografie" Sebastiao Salgado, Ted-Conference, 2013. Transkribiert und übersetzt von David Schrögendorfer. https://www.ted.com/talks/sebastiao_salgado_the_silent_drama_of_photography/transcript?language=de

47 http://www.faszination-regenwald.de/info-center/oekosystem/stoffkreislauf.htm

48 https://de.wikipedia.org/wiki/Glyphosatresistenz

50 Vgl. z.B. http://news.doccheck.com/de/newsletter/2656/17425/?utm_source=DC-Newsletter&utm_medium=E-Mail&utm_campaign=Newsletter-DE-DocCheck+News-2016-02-01&user=hg9qcmx&n=265

6&d=28&chk=1a1209003b0c61c8709196ed99ebebde
Glyphosat in Tampons: http://dradiowissen.de/beitrag/menstruation-die-gefahr-von-tampons
http://www.agrarkoordination.de/projekte/roundup-co/
Fleischatlas 2016
Grenzwerte: http://www.bfr.bund.de/de/fragen_und_antworten_zur_bewertung_des_gesundheitlichen_risikos_von__glyphosat-127823.html

51 Mekonnen und Hoekstra 2011, National Water Footprint Accounts: The Green, Blue and Grey Water Footprint Of Production and Consumption Volume 2: Appendices. http://waterfootprint.org/media/downloads/Report50-NationalWaterFootprints-Vol2.pdf

54 Vgl. Evangelischer Entwicklungsdienst Deutschland 2010: „Keine Chicken schicken" Preise Importfleisch vs. Lokales Hühnchen: http://www.dw.com/de/europas-fleischreste-auf-afrikanischen-tellern/a-17370556.

55 Vgl. Francisco Mari: „Wenn Hühnerhaltung weiblich ist". In: Fleischatlas 2013.

56 Zahl der Hungernden: WFP: http://de.wfp.org/hunger/hunger-statistik Zahl der Mangelernährten: Welthungerhilfe: http://www.welthungerhilfe.de/hunger.html Anteil der hungernden ländlichen Bevölkerung: Weltagrarbericht. http://www.weltagrarbericht.de/downloads/Wege_aus_de r_Hungerkrise_2.4MB.pdf

58 Vgl. z.B. Thomas Macho: „Arme Schweine. Eine Kulturgeschichte". Nicolaische Verlagsbuchhandlung (2006), S. 23 f.

61 Bund Ökologische Lebensmittelwirtschaft e. V. 2015: „Die Biobranche 2015. Zahlen – Daten – Fakten". http://www.boelw.de/fileadmin/Dokumentation/Rechtstexte/BOELW_ZDF_2015_web.pdf

62 Fleischatlas 2014. Hrsg. Heinrich-Böll-Stiftung und Bund für Umwelt und Naturschutz Deutschland 2014.

Wissenswerte Filme und Links zum Thema

Reihe WissensWerte: Fleisch und Nachhaltigkeit:
https://www.youtube.com/watch?v=ZI4lxEFtUGM

The Meatrix: https://www.youtube.com/watch?v=pP6o7GZJov4

SWR: Was würde passieren, wenn wir weniger Fleisch essen?
https://www.youtube.com/watch?v=XhHotmxQKnk

Fleischfrage WWF: http://fleischfrage.wwf.de/

Frisch auf den Müll: http://www.tastethewaste.com/

10 Milliarden – Wie werden wir alle satt?: http://www.thurnfilm.de/

We feed the world: http://www.we-feed-the-world.at/index.htm

More than Honey: http://www.morethanhoney.ch/

Cowspiracy – Das Geheimnis der Nachhaltigkeit:
http://www.cowspiracy.com/

Lesenswerte Bücher zum Thema

Tanja Busse: Die Wegwerfkuh.

Karen Duve: Anständig Essen.

Jonathan Safran Foer: Tiere essen.

Anita Idel: Die Kuh ist kein Klimakiller.

Melanie Joy: Warum wir Hunde lieben, Schweine essen und Kühe anziehen.

George Orwell: Animal Farm.

Martin Ott: Kühe verstehen.

Mehr Infos

BUND jugend: http://www.bundjugend.de/

Kampagne für eine bessere Landwirtschaft:
http://www.meine-landwirtschaft.de/

Gentechnik und Schule: http://www.schule-und-gentechnik.de/

Schuldossier zum „More than Honey": http://www.morethan-honey.ch/downloads/more-than-honey-schuldossier-de.pdf

Herausgeberin ist die Heinrich-Böll-Stiftung.
1. Auflage, März 2016
Inhaltliche Leitung Dr. Christine Chemnitz, Heinrich-Böll-Stiftung
Mitarbeit Inka Dewitz, Heinrich-Böll-Stiftung
Konzeption, Gestaltung & Illustration Gesine Grotrian
www.gesinegrotrian.de & www.tinkerbrain.de
Text & Mitarbeit Gabriela Häfner
Mitarbeit Illustration Lydia Salzer
Daten & Fakten Jonas Luckmann
Mitarbeit Fakten Nuray Duman
Ein besonderer Dank an unseren Expertenrat:
Finja Chemnitz, Asbjørn Fischer, Malina Fuhr, Pola Grotrian, Linus Seilacher,
Leonie Strewinski, Luna Tinnemann, Vito Gonzalez de Weldige

Gesamtherstellung Elke Paul
Druck Druckerei Conrad Berlin
Papier Envirotop 120 & 250 gqm, Papier Union
Typografie Helsinki Ludwigtype, Berlin
Herzlichen Dank an Detlef Eberhard, Etta Grotrian, Jobst Grotrian, Uma
Grotrian, Patricia Jaecklin, Jil Kunkat, Julia Sophie Kuon, Jonas Larsson,
Birgit Munsch-Klein, Martin Ott, Nicola Schudy

Heinrich-Böll-Stiftung e.V.
Schumannstraße 8, D-10117 Berlin
www.boell.de/isswas

ISBN 978-3-86928-150-6

Die Heinrich-Böll-Stiftung ist eine grüne politische Stiftung. Sie versucht mit vielen Projekten und Veranstaltungen die Welt zu verbessern. Sie setzt sich für Demokratie und Menschenrechte ein, für einen Schutz des globalen Ökosystems und die Gleichberechtigung der Geschlechter. Zudem fördert sie begabte, gesellschaftspolitisch engagierte Studentinnen und Studenten und versucht, die soziale und politische Teilhabe von Immigrantinnen und Immigranten zu erleichtern.

Mit derzeit 31 Auslandsbüros verfügt die Stiftung über ein weltweites Netz für ihr Engagement. Außerdem ist sie mit ihren Landesstiftungen in allen deutschen Bundesländern vertreten.

Der Schriftsteller und Nobelpreisträger Heinrich Böll ist nicht nur Namensgeber, sondern auch Vorbild für die Arbeit der Stiftung, da er Zeit seines Lebens die Menschen zur politischen und gesellschaftlichen Einmischung ermutigte.

Heinrich-Böll-Stiftung, Schumannstraße 8, 10117 Berlin, www.boell.de